COURS DE DROIT ELECTORAL

Me Frantz POTEAU

1e édition

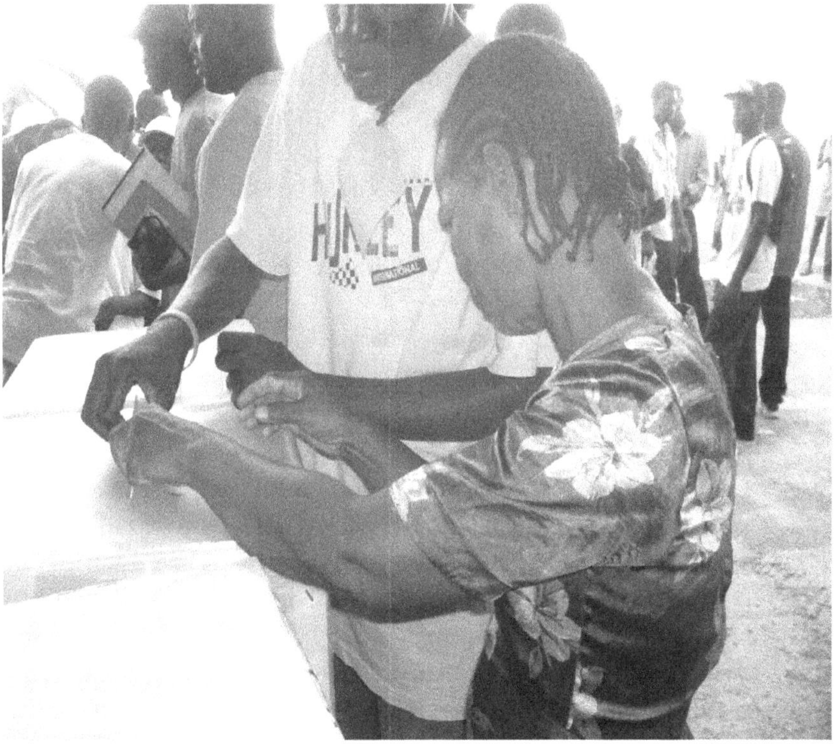

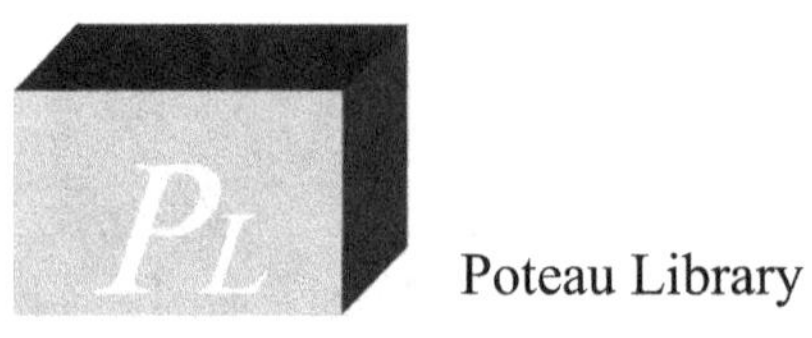 Poteau Library

Dépôt légal : 20-07-155
Bibliothèque Nationale d'Haïti

ISBN : 978-99970-64-26-4

Révu et corrigé février 2024

INTRODUCTION

"L'élaboration du droit électoral, notamment les modalités qu'elle emprunte, est étroitement dépendante de la perception que l'on a de l'élection en tant que technique de dévolution du pouvoir[1]"

Cette pensée étincelante du Dr. Didier OLINGA dépeint les réalités du droit électoral en Afrique noire francophone et en Haïti où les élections apparaissent comme une joute politique -avec ses coups et ses ruses, lesquels révèlent l'habileté manœuvrière de leur auteur- et non une concurrence arbitrée par le droit et se voulant loyale.

Les consultations électorales vues et vécues se soldent généralement par des contestations parfois violentes que l'on justifie par les lacunes qui auraient entaché leur déroulement. N'entend-on pas souvent des acteurs s'écrier : « *C'est de la mascarade électorale* », « *c'est la pagaille* », « *on a volé nos voix, notre victoire* », « c'*est un hold up électoral,* « *ce sont des élections frauduleuses* ».

Pourtant le processus de démocratisation initié dans les années 1987, semblait irréversiblc. Définissant ce processus, Guy HERMET avait pu relever qu'il va au-delà d'*un simple changement de régime de gouvernement pour se situer dans l'univers des transformations infiniment plus complexes[2]*. La démocratisation qui doit engendrer une institutionnalisation de la démocratie a pour épine dorsale le vote.

---

[1] OLINGA, A. D.- *Politique et droit électoral au Cameroun : analyse juridique de la politique électorale, polis / R.C.S.P. / C.P.S.R.* vol. 6, n° 2, 1998

[2] HERMET, G.- *Le passage à la démocratie*, Paris, Presse de Science po, 1996

I -DÉFINIION DU VOTE / DE L'ÉLECTION

Tiré du mot latin *votum* (vœu), le vote est l'acte par lequel les gouvernés procèdent à la désignation et à la légitimation de leurs gouvernants et manifestent, à leur demande, leur approbation ou désapprobation à l'égard des projets qu'ils leur soumettent.

Pour le professeur Maurice HAURIOU, qui en fut le plus grand théoricien, *"le suffrage est l'organisation politique de l'assentiment, c'est-à-dire de cette opération de la volonté qui consiste à accepter ou à ne pas accepter une proposition ou une décision prise par un autre pouvoir; mais aussi l'organisation politique de sentiment de confiance et de dévouement d'homme à homme qui engendre le patronage et la clientèle[3]"*.

Technique de régulation de la vie politique, les élections fonctionnent aussi comme principe de légitimation des dirigeants[4]. Alternative à la légitimité charismatique ou historique, les élections constituent une condition sine qua non de la démocratie. Ainsi, le vote permet d'arrêter à plusieurs, une décision : adopter un texte ou élire des citoyens à fonctions de représentants politiques ; l'élection permet aux gouvernés de désigner les gouvernants, de dresser l'état des tendances politiques et de conférer ou de retirer aux pouvoirs publics leur légitimité. L'élection constitue donc pour les citoyens, un moyen de désapprobation ou de réaffirmation de leur soutien aux sortants[5].

---

[3] HAURIOU M, *Précis de droit constitutionnel*, Paris, PUF, 1992, P1075

[4] LEHINGUE P.- *Le vote, Approches sociologiques de l'institution et des comportements électoraux*, La Découverte, Paris, 2011, p. 93

[5] BAUDOUIN, *Introduction à la sociologie politique*, Paris, Points Essais, 1998, p. 199

Que faut-il entendre par droit électoral ?

Les professeurs Jean-Yves Vincent et Michel de Villiers expliquent que *"par droit électoral, il faut entendre l'ensemble des règles qui définissent le pouvoir de suffrage et en aménagent l'exercice. C'est donc la branche du droit qui permet de donner un contenu concret à l'affirmation du principe suivant lequel la souveraineté nationale appartient au peuple"*[6]. Pour leur part, mais plus largement, M. Jean-Claude Bastion et Mme Chabanier écrivent : *" le droit électoral fixe le cadre dans lequel s'exercent, au suffrage direct ou indirect, les opérations de désignation des responsables élus des institutions de la République, l'élection des représentants au Parlement européen et l'exercice du referendum populaire"*[7].

Toutes ces approches conceptuelles ont le mérite commun de mettre en évidence le fait que le droit électoral est constitué de normes qui s'appliquent aux élections. Mais faut-il préciser que cet ensemble de normes peut concerner une grande diversité d'élections.

A- Les élections purement ou strictement administratives

Ce sont des élections qui ont pour caractéristiques principales d'être soumises à des règles de droit électoral propres à chacune d'elle et non au code électoral qui régente les élections politiques stricto sensu. Ce sont

---

[6] VINCENT, J.Y & VILLIERS M.D.- *Code électoral commenté*, Lexis Nexis Litec, 8ème éd. 2007, p.18

[7] BASTION, J.C & CHABANIER.- *Le droit des élections locales*, LGDJ 2004, coll. Systèmes, p. 19

notamment, les élections aux chambres de commerce et d'industrie, les élections aux chambres de métiers et aux chambres d'agriculture. Sont aussi des élections administratives stricto sensu, les élections professionnelles d'organismes administratifs, les élections des syndics et syndicats autorisés. Enfin, les élections universitaires sont, elles également des élections administratives.

B-   Les élections politiques stricto sensu
Ce sont celles par lesquelles le citoyen est appelé à désigner les représentants de la Nation qui participent à l'exercice de la souveraineté nationale. Ainsi, les élections politiques sont : l'élection présidentielle, les élections législatives et les élections locales.

II DROIT ÉLECTORAL ET DISCIPLINES VOISINES

A-   Droit électoral et droit constitutionnel
Ce sont deux disciplines étroitement liées. La constitution haïtienne de 1987 comporte quelques articles se référant directement ou indirectement au droit électoral.

On connaît les termes de l'article 58 : '' *La souveraineté nationale réside dans l'universalité des citoyens. Les citoyens exercent directement les prérogatives de la souveraineté par :*
*   a)   l'élection du Président de la République,*
*   b)   l'élection des membres du pouvoir législatif*
*   c)   l'élection des membres de tous autres corps ou de toute assemblée prévue par la constitution et par la loi.''*

Les articles 66, 90-1, 95, 134 fixent les voies électorales pour accéder aux postes de Magistrat communal, Député, Sénateur et Président de la République.

B- Droit électoral et droit administratif

Ces deux disciplines entretiennent des rapports très étroits. Et même, pour désigner un aspect moins exploré, des rapports avec cette branche particulière du droit administratif qu'est le droit de la fonction publique d'une part, et le contentieux administratif, d'autre part.

Léon Duguit, dans son Traité de droit constitutionnel, a noté que la ''*nomination d'un fonctionnaire a ce caractère d'acte objectif, à condition qu'elle soit une nomination proprement dite ou une élection*[8]''. Pour sa part, Gaston Jèze dans Les principes généraux du droit administratif, a expliqué en quoi, tout procédé de désignation, qu'il s'agisse d'une nomination, d'une élection ou d'un tirage au sort, est un « *acte condition* », un « *acte unilatéral* », ou un « *fait condition* » : la désignation a pour effet juridique d'investir un individu d'un statut légal.

La comparaison entre la nomination, l'élection ou le tirage au sort peut encore être entretenue en ce qui concerne le contrôle juridictionnel de l'opération de désignation. Ces différents procédés d'accès aux fonctions publiques sont soumis à un contrôle juridictionnel dominé par des principes généraux communs.

Enfin, « la chose jugée par le juge de l'opération de désignation a force absolue de vérité légale, *erga omnes*. La

---

[8] Sophie Théron, *La notion de condition : Contribution à l'étude de l'acte administratif*, Editions l'Harmattan - Logiques juridiques, 2002,

règle est incontestée. De même, « l'arrêt d'annulation d'une nomination a l'autorité de la chose jugée envers tout le monde et non pas seulement à l'égard des parties en cause.

C-   Droit électoral et Finances publiques

Une partie de l'objet du droit électoral concerne le droit des finances publiques. L'État exerce un contrôle sur les comptes de campagne (France), rembourse selon des conditions les dépenses électorales de certains candidats. (Voir la loi sur le financement des partis politiques).

D-   Droit électoral et le Droit privé

Le droit électoral connaît des questions liées à l'état des personnes ; les questions de nationalité, d'âge, de domicile et de résidence concernent autant les électeurs que les candidats. Elles influencent les conditions d'éligibilité et les causes d'inéligibilité. Le droit pénal intègre le code électoral lorsqu'il sanctionne les délinquants électoraux.

On peut constater que toutes les élections ne promeuvent pas la démocratie. En effet, les essais d'implantation de la démocratie en Afrique noire francophone se sont soldés par de violentes crises post électorales : en témoignent les exemples de la Côte d'Ivoire, de la Guinée-Conakry, d'Haïti …

Ce constat amène le juriste à la réflexion. Le Droit électoral s'inscrit dans cette dynamique d'appropriation du vote par le juriste.

III- INTERET DU COURS

Le cours revêt un intérêt institutionnel et fonctionnel

A- Intérêt institutionnel

Le vote représente une institution fondamentale de la démocratie. « Aucun gouvernement n'est légitime si son autorité et ses fonctions ne découlent du consentement des gouvernés ». Ce cours se propose donc de faire découvrir davantage cette institution. Il nous permettra de confronter les solutions des législateurs, non seulement aux normes internationales existantes en la matière, mais aux réalités sociologiques haïtiennes.

Ce cours est donc une discipline qui conflue avec d'autres disciplines telles que : le droit constitutionnel, le droit administratif, le droit international, les relations internationales, la sociologie politiques, le droit civil, le droit pénal

B- Intérêt fonctionnel

Le droit électoral vise à éclairer la culture juridique des étudiants afin qu'ils puissent participer activement à la prévention des conflits liés aux élections. En effet, l'enjeu véritable de la démocratisation des institutions est de déboucher celle de la vie sociale. L'élection est l'un des principaux mécanismes d'intégration et d'inhibition de la violence politique[9]. La démocratie va de pair avec la diminution des coups d'État, des actes de terrorisme et de révoltes sanglantes.

IV- SOURCES DU DROIT ÉLECTORAL

A- Les sources nationales

---

[9] BRAUD, P.- *Le comportement électoral en France,* Paris, PUF, 1973

1) La constitution

Le peuple est profondément attaché à la légalité constitutionnelle et aux institutions démocratiques, à la dignité de la personne humaine, aux valeurs culturelles et spirituelles.

On connaît les termes de l'article 58 : " *La souveraineté nationale réside dans l'universalité des citoyens. Les citoyens exercent directement les prérogatives de la souveraineté par :*
> *a) l'élection du Président de la République,*
> *b) l'élection des membres du pouvoir législatif*
> *c) l'élection des membres de tous autres corps ou de toutes assemblées prévues par la constitution et par la loi.*"

Les articles 66, 90-1, 95, 134 fixent les voies électorales pour accéder aux postes de Magistrat communal, Député, Sénateur et Président de la République.

2) La loi électorale : entre évolution et recul

C'est la loi électorale ou le décret électoral qui, certaines fois, conditionnent le déroulement des élections. Elle est donc une source nationale inévitable du droit électoral, car la constitution n'entre pas dans les détails, quant au déroulement du processus électoral.

L'idéal est de savoir que la loi électorale est constitutionnelle, même s'il y a des situations où le conflit de loi est manifeste entre ces deux sources. Malheureusement, quand il y a violation de principes de droit, la constitution perd la face. Avez-vous en souvenir un ou des exemples ?

B- Les sources internationales

1) Déclaration Universelle des Droits de l'Homme de 1948

Article 211. Toute personne a le droit de prendre part à la direction des affaires publiques de son pays, soit directement, soit par l'intermédiaire de représentants librement choisis.

2) la Charte Africaine des Droits de l'Homme et des Peuples de 1981

Article 13 : 1. Tous les citoyens ont le droit de participer librement à la direction des affaires publiques de leur pays, soit directement, soit par l'intermédiaire de représentants librement choisis, ce, conformément aux règles édictées par la loi.

3) La charte Africaine de la Démocratie, des Elections et de la Gouvernance du 30 janvier 2007 (ÉTHIOPIE)

Elle consacre 11 principes dont ceux relatifs aux élections formulés ainsi qu'il suit:

Principe 4. La tenue régulière d'élections transparentes, libres et justes;

Principe 7: La participation effective des citoyens aux processus démocratiques et de développement et à la gestion des affaires publiques. Mais l'article 4 est plus précis: "Les États parties considèrent la participation populaire par le biais du suffrage universel comme un droit inaliénable des peuples".

4) La Convention Américaine des Droits de l'Homme

L'article 23 traite des droits politiques en ces termes :

Tous les citoyens doivent jouir des droits et facultés ci-après énumérés :

> *a.   De participer à la direction des affaires publiques, directement ou par l'intermédiaire de représentants librement élus;*
>
> *b.   d'élire et d'être élus dans le cadre de consultations périodiques authentiques, tenues au suffrage universel et égal, et par scrutin secret garantissant la libre expression de la volonté des électeurs, et*
>
> *c.   d'accéder, à égalité de conditions générales, aux fonctions publiques de leur pays.*

PARTIE I : LE DROIT ÉLECTORAL SUBSTANTIEL

Il comprend trois chapitres titrés : les personnes, les opérations électorales et les finances électorales.

TITRE PREMIER : LES PERSONNES

Parmi les personnes qui interviennent dans le processus électoral, les électeurs occupent une place essentielle (Chapitre I). Ils choisissent parmi les candidats (chapitre II), éligibles et non incompatibles (chapitre III) lesquels ne doivent pas leur élection aux délinquants électoraux (chapitre IV).

CHAPITRE I : LES ELECTEURS

Pour être électeur, il faut être avant tout citoyen.

Les dispositions constitutionnelles suivantes l'attestent assez éloquemment. En effet, l'article 33 de la loi fondamentale de la Cote d'Ivoire de 2000 pose que … ''*Sont électeurs dans les conditions déterminées par la loi, tous les nationaux ivoiriens des deux sexes âgés d'au moins dix huit ans et jouissant de leurs droits civiques et politiques*''. La loi constitutionnelle de la République du Sénégal pose également la même condition en son article 3: '' *Tous les nationaux sénégalais des deux sexes, âgés de 18 ans accomplis, jouissant de leurs droits civils et politiques, sont électeurs dans les conditions déterminées par la loï*''. Chez nous, l'article 22 du décret électoral du 2 mars 2015 précise que ''*possède la qualité d'électeur, tout haïtien âgé de 18 ans accomplis, inscrit au registre électoral, titulaire d'une carte d'identification nationale (CIN) et jouissant pleinement de ses droits civils et politiques*''.

De ce qui précède, il importe d'insister sur la qualité d'électeur (section 1) qui est justifiée par l'attache à une commune (section 2) afin d'être inscrit sur une liste électorale (section 3).

SECTION 1: LA QUALITÉ D'ÉLECTEUR

Elle est reconnue aux nationaux (I) qui possèdent la majorité (II) et qui jouissent de leurs droits civils et politiques (III).

I-   LES NATIONAUX

Le décret électoral haïtien précise en son article 22 que :
" *possède la qualité d'électeur, tout haïtien âgé de 18 ans accomplis, inscrit au registre électoral, titulaire d'une carte d'identification nationale (CIN) et jouit pleinement de ses droits civils et politiques*''

Il n'est pas inutile de rappeler les conditions requises pour être haïtien.

A-   La nationalité haïtienne par la naissance

Art. 11 de la constitution de 1987

Possède la nationalité haïtienne d'origine, tout individu né d'un père haïtien ou d'une mère haïtienne qui, eux-mêmes sont nés haïtiens et n'avaient jamais renoncé à leur nationalité au moment de la naissance.

Profitons de cette occasion pour analyser ce texte à travers ce cas d'espèce. Votre père haïtien a épousé votre mère qui est une vénézuélienne alors qu'il étudie au Venezuela. Le couple a décidé de venir s'établir en Haïti. Après cinq ans de résidence continue, votre mère a pris la nationalité haïtienne. Étant devenue haïtienne par la naturalisation, trois ans après, elle vous a mis au monde. Quelle est votre nationalité ?

B-   La nationalité de plein droit en raison du mariage

Il y a des pays qui accordent leur nationalité par le mariage d'un étranger avec un de ses citoyens. Le cas de la Côte d'Ivoire par exemple où conformément aux dispositions des articles 13, 14 et 40 de la Décision n°2005-09/PR du 29 août 2005, la femme de nationalité étrangère qui épouse un ivoirien acquiert la nationalité ivoirienne, si elle en fait solennellement l'option au moment de la célébration du mariage. Les mêmes dispositions s'appliquent à l'homme de nationalité étrangère qui épouse une ivoirienne.

Tel n'est pas le cas en Haïti où le mariage d'un étranger avec une haïtienne permet au premier de bénéficier seulement d'une réduction sur le délai de résidence continue avant d'être éligible à la naturalisation, passant de cinq à deux ans.

C-   La nationalité par la naturalisation

La nationalité haïtienne peut être acquise par la naturalisation de tout étranger après cinq ans de résidence continue sur le territoire en se conformant aux règles établis par la loi. (Réf. article 12 et 21-1 de la constitution de 1987)

II-   LA MAJORITÉ ÉLECTORALE
Selon l'article 16-2 de la constitution de 1987, les haïtiens sans distinction de sexe et d'état civil, âgé de 18 ans accomplis, peuvent exercer leurs droits civils et politiques, s'ils réunissent les autres conditions prévues par la constitution et par la loi.

Mais la majorité électorale est fixée par la constitution à 25 ans. En effet, c'est à partir de cet âge que l'on commence à être éligible (articles 65, 70, 79 et 91 de la constitution)

III-   LA JOUISSANCE DES DROITS CIVILS ET POLITIQUES

L'article 16-1 de la constitution énonce que la jouissance, l'exercice, la suspension et la perte des droits civils et politiques sont réglés par la loi. Ainsi, il est interdit à certaines personnes de s'inscrire sur la liste électorale. Les articles 23 et 24 du décret électoral du 2 mars 2015 confirment cela.

Article 23.- *La qualité d'électeur se perd pour les mêmes motifs que la perte de la qualité de citoyen et pour toute autre cause prévue par la loi.*

Article 24.- La qualité d'électeur est suspendue tant que dure l'une des causes suivantes :
a) La condamnation définitive à des peines emportant la suspension totale ou partielle des droits politiques ou la condamnation définitive pour refus d'être juré ;
b) La condamnation pour fraude électorale établie par un jugement ayant acquis l'autorité de la chose souverainement jugée ;
c) L'aliénation mentale dûment constatée et déclarée par une autorité médicale compétente ;
d) La faillite frauduleuse établie par un jugement ayant acquis l'autorité de la chose souverainement jugée ;
e) Toute autre cause prévue par la loi.

En tout état de cause, l'interdiction de droit de vote, d'élection doit être envisagée par une loi, d'une part, d'une décision de justice qui en fixe la durée, d'autre part.

SECTION 2 : L'ATTACHE AVEC LA COMMUNE

L'attache avec la commune s'opère en fonction du domicile (I) et de la résidence (II).

I-   LE DOMICILE

Il est important de faire la décantation entre ce qu'on pourrait appeler le régime général (A) et quelques cas singuliers (B).

A-   Le régime général

Dans le régime général, l'électeur potentiel a le choix d'inscription de sa circonscription électorale. Celui-ci n'est pas conditionné à son domicile d'origine.

B- Les cas singuliers

Il s'agit des cas d'acceptation de certaines fonctions conférées à vie (Arpenteurs, Notaire,) et des fonctionnaires assujettis à une résidence obligatoire dans la commune.

Mais le droit électoral haïtien n'a pas retenu ces cas singuliers pour l'électeur. En effet, l'article 27 du décret du 2 mars 2015 indique '' *Tout citoyen, toute citoyenne, âgé de 18 ans accomplis, a le devoir de se présenter en personne à **un** bureau de l'Office National d'Identification (ONI) pour se faire inscrire au registre d'identification nationale en vue d'obtenir sa carte d'identification nationale (CIN)* ''

II-   LA RÉSIDENCE

Voir domicile puisque la condition d'un certain délai de résidence dans la commune n'est pas applicable aux électeurs. Cette disposition n'est valable que pour les candidats. Donc, on peut conclure qu'en Haïti, le régime général de domicile est appliqué pour les électeurs, et les cas singuliers, pour les candidats que nous verrons plus amplement au deuxième chapitre.

SECTION 3 : LA PROCÉDURE D'INSCRIPTION

L'initiative de s'inscrire sur la liste (I) et l'organe en charge d'inscrire les électeurs seront étudiés (II).

1-   L'INITIATIVE DE L'INSCRIPTION SUR LA LISTE ÉLECTORALE

En Haïti, l'initiative est imposée aux citoyens par la loi, selon le décret du 1e juin 2005 relatif à la Carte d'Identification Nationale. De plus, l'article 27 du décret électoral du 2 mars 2015 indique qu'il s'agit d'un devoir de tout citoyen de se présenter en personne pour se faire inscrire au registre.

II- L'ORGANE EN CHARGE DE L'INSCRIPTION

Le Conseil Electoral Provisoire (CEP) prépare la liste électorale générale (LEG) via la Direction du Registre Electoral (DRE) qui est une structure de l'institution électorale (article 34 du décret électoral du 2 mars 2015). D'où proviennent les données de cette liste ? Au regard de l'article 25 dudit décret, le registre électoral est produit à partir des données extraites du registre de l'Office National d'Identification (ONI) et transmises au Conseil Electoral Provisoire.

Ce registre électoral peut être permanent, mis à jour sur la surveillance de tous les partis et groupements politiques et toutes organisations de la société civile légalement reconnues. Le mécanisme d'une telle opération est tracé par les articles 29 à 30-2 du décret électoral du 2 mars 2015.

Toute inscription à la liste électorale générale (LEG) doit être portée par le Conseil Electoral au plus tard, le quatre-vingt dixième (90e) jour avant la tenue d'une assemblée électorale. Passé ce délai, la LEG cst fermée et le CEP ne peut inscrire aucun électeur pour le processus électoral en cours (article 32). La modification est alors portée par le CEP au plus tard le quarante cinquième (45e) jour avant la tenue du scrutin (article 32-1). La liste définitive est rendue publique et affichée dans un délai de trente (30) jours avant la tenue du scrutin (article 33).

SECTION 4 : LES ÉLECTEURS DU TEMPS PASSÉ EN HAÏTI

Les premières élections démocratiques devraient avoir lieu en Haïti après la chute de Jean Claude Duvalier le 7 février 1987. Le premier décret électoral de cette nouvelle ère remonte à 1987. De ce texte à date, l'évolution du concept électeur a fait le parcours historique suivant.

I-   DE 1897 À 1999

Les décrets électoraux du 10 août 1987, du 16 décembre 1987, du 6 février 1990, du 5 juillet 1990, du 5 août 1990, du 14 février 1995 et du 19 juillet 1999 relatifs à la notion d'électeur seront étudiés à cette phase.

A-   En 1987

Sont électeurs, tout haïtien et toute haïtienne âgés de 18 ans accomplis ayant la jouissance et l'exercice de leurs droits civils et politiques et n'étant dans aucun cas d'incapacité prévu par la loi (article 6 du décret électoral du 10 août 1987). Pour exercer le droit de vote, le citoyen doit être inscrit sur la liste électorale de la commune de son domicile civil ou politique et avoir sa carte d'électeur (article 10 du même décret). L'organe responsable de l'inscription est le Conseil Electoral Provisoire par le biais de ses Bureaux d'inscription (BI) qui émettent une carte électorale à chaque inscrit (article 16-4). Chacun des registres sera fermé après l'inscription de cinq cents (500) électeurs (article 14). Ceci constitue la liste électorale pour chaque bureau de vote. Cette procédure restera la même avec de légères modifications occasionnelles ou circonstancielles jusqu'en 2005. C'est ainsi que l'article 4 de la loi électorale du 16 décembre 1987 a repris les mêmes dispositions que le décret électorale du 10 août 1987 quant à la qualité de l'électeur. Il en est de même de l'article 6 du décret électoral du 6 février 1990.

B-   En 1990

Les inscriptions au registre électoral ont été une obligation pour le citoyen haïtien (article 20 du décret électoral du 6 février 1990 et article 14 de la loi électorale du 5 juillet 1990) et le cas singulier a été toujours retenu quant au domicile de l'électeur jusqu'en 2005.

L'électeur doit s'inscrire sur la liste électorale de la commune de son domicile civil ou politique. Le domicile politique étant acquis par la résidence continue dans la circonscription électorale pendant les douze (12) mois précédant les élections (article 7 de la loi électorale du 16 décembre 1987).

La liste électorale est révisée trente jours avant le scrutin (article 19 de la loi électorale du 5 juillet 1990), à l'exception de la loi électorale du 5 août 1990 portant amendement à la loi électorale du 5 juillet 1990 qui l'a fixé à dix (10) jours avant le scrutin.

C-   En 1995

La qualité d'électeur restc le même sauf qu'on porte le registre électoral à quatre cents (400) au lieu de cinq cents (500) électeurs (article 33 de la loi électorale du 14 février 1995) et les inscriptions des électeurs s'effectuent durant vingt-deux jours consécutifs de 6 : 00 A.M à 6 : 00 P.M (article 31 de la même loi). Cette loi a permis que les observateurs et les représentants de médias dûment accrédités auprès du CEP puissent, à tout moment et avec la permission du président du BIV, observer le déroulement des opérations électorales.

D-   En 1999

Sont ajoutées à la qualité d'électeur, les conditions de: *" n'avoir pas été convaincu de fraude électorale ni en état de banqueroute frauduleuse"* (article 19 de la loi électorale du 19 juillet 1999). La période des inscriptions des électeurs au BI est fixée à trente (30) jours consécutifs de 6 :00 A.M à 6 :00 P.M avec une possibilité de prolongation, au besoin, par simple communiqué du CEP (article 24 de la même loi électorale). Quatre cent (400) est le nombre d'inscrits au plus par registre électora,l habilités à voter dans un Bureau de Vote (article 37 de la même loi). La possibilité d'émettre des cartes électorales sans photo était envisagée en cas de difficultés techniques incontournables (article 49 de la même loi).

II-   DE 2005 À 2015

Les décrets électoraux du 3 février 2005, du 9 juillet 2008, du 27 novembre 2013 et du 2 mars 2015 relatif à la notion d'électeur seront étudiés à cette phase.

A-   En 2005

Le registre électoral est préparé, non par le Bureau d'Inscription (BI), mais par la Direction du Registre Electoral (DRE) du CEP (article 36 du décret électoral du 3 février 2005). Et il est de la responsabilité du citoyen de se présenter en personne devant le personnel de la DRE pour s'inscrire et obtenir sa carte d'identification nationale (article 38 du même décret). Nous voyons à présent que, d'abord, l'inscription sur le registre électoral n'est plus une obligation, ensuite que la carte électorale est remplacée par la carte d'identification nationale qui remplit la même fonction à savoir habiliter le citoyen à voter dans toute assemblée électorale convoquée par le CEP ; et enfin, qu'au sein du CEP est créée une structure très lourde avec un personnel augmenté pour gérer la liste électorale et la préparation de la carte électorale, lesquelles tâches jusque-là, étaient confiées auparavant à un Bureau d'Inscription (BI) de trois (3) membres. À partir du décret électoral du 3 février 2005, on compte en plus dans la machine électorale : une Direction du Registre Electoral (DRE) de deux (2) membres, des Bureaux Départementaux de Registre Electoral (BDRE), des Bureaux Communaux de Registre Electoral (BCRE) et des Postes de Registre Electoral (PRE) dans les sections communales (articles 57 à 65 dudit décret)

La liste électorale par bureau contient quatre cents (400) électeurs et il appartient au CEP de préparer la liste (article 49) au plus tard le soixantième (60ᵉ) jour avant la tenue d'une assemblée électorale (article 50). La liste définitive est publiée trente (30) jours au plus tard avant la tenue des scrutin (article 54)

B- En 2008

À signaler qu'il a fallu attendre 2008 pour qu'Haïti ait sa première loi électorale dans le sens stricte du terme. Avant, il n'y avait que des décrets, même si certains ont porté improprement le titre de loi électorale. À travers l'article 22 de la loi du 9 juillet 2008, la qualité d'électeur est modifiée ainsi : '' *Possède la qualité d'électeur tout haïtien qui remplit les conditions suivantes :*
   a) *Est âgé de 18 ans accomplis*
   b) *Est inscrit dans le registre électoral*
   c) *Est titulaire d'une Carte d'Identification Nationale (CIN)*
   d) *A la pleine jouissance de ses droits civils et politiques*
   e) *N'a jamais été condamné pour une infraction à la loi électorale*''

L'inscription au registre est redevenue obligatoire (article 27 de la même loi) et le registre électoral est produit à partir des données extraites du registre de l'Office Nationale d'Identification (ONI) et acheminées à la Direction du Registre Electoral du CEP (article 25 de la loi). Les inscriptions sont fermées au plus tard le soixantième (60e) jour avant la tenue d'une assemblée électorale (article 32) et la liste définitive est rendue publique et affichée dans un délai de trente (30) jours avant la tenue du scrutin (article 33).

Depuis le décret du 1e juin 2005 instituant l'Office National d'Identification (ONI), la Carte d'Identification Nationale (CIN) est le seul et unique document admis pour permettre à un électeur d'exercer son droit de vote pendant toute assemblée électorale.

C- En 2013 et 2015

Le législateur de 2013 a éliminé de la qualité de l'électeur, le fait d'être condamné antérieurement pour une infraction à la loi électorale (article 22 de la loi du 27 novembre 2013).

Toute inscription au registre électoral est portée au plus tard le quatre-vingt-dixième (90e) jour avant la tenue d'une assemblée électorale. La modification s'il y a lieu, est portée par le CEP au plus tard le soixantième (60e) jour avant la tenue du scrutin, mais le délai actuel est de quarante cinquième (45e) jour et la liste électorale devient définitive, rendue publique et affichée dans un délai de trente (30) jours avant la tenue du scrutin (articles 32, 32-1 et 33 de la loi du 27 novembre 2013 et article 32-1 du décret du 2 mars 2015).

CHAPITRE II : LES CANDIDATS

En ce qui concerne les élections aux assemblées politiques et politico-administratives, les personnes désireuses d'occuper un poste électif sont tenues de déposer une déclaration de candidature. Nul ne peut être élu sans avoir été candidat. On étudiera le suffrage universel et direct (section 1) et le suffrage indirect (section 2).

SECTION 1 : LES CANDIDATURES AU SUFFRAGE UNIVERSEL ET DIRECT

Les assemblées électorales se réunissent pour élire au suffrage universel et direct : le Président de la République (1), les membres du corps législatif (2) et ceux des collectivités territoriales (3)

1- LA CANDIDATURE A L'ÉLECTION PRÉSIDENTIELLE

A- La Nationalité

Article 135 de la constitution du 29 mars 1987:

"Pour être élu Président de la République d'Haïti, il faut ;

- a) *Etre haïtien d'origine et n'avoir jamais renoncé à sa nationalité ;*
- b) *Etre âgé de trente-cinq ans accomplis au jour des élections ;*
- c) *Jouir de ses droits civils et politiques et n'avoir jamais été condamné à une peine afflictive et infamante pour crime de droit commun ;*
- d) *Etre propriétaire en Haïti d'un immeuble au moins et avoir dans le pays une résidence habituelle ;*

e) Résider dans le pays depuis cinq (5) années consécutives avant la date des élections ;

f) *Avoir reçu décharge de sa gestion si on a été comptable de deniers publics.*

Le décret électoral de 2 mars 2015 a ajouté en son article 36, à côté des conditions constitutionnelles,

g) Être détenteur de sa Carte d'identification nationale (CIN) ;

h) *Remplir ses devoirs de citoyen, conformément à l'article 52-1 de la constitution de 1987 amendée.*

Le décret électoral a apporté des modifications légères dans certaines conditions telles que : la condamnation du potentiel candidat doit être définitive, privée de toute voie de recours contrairement à la Constitution. Une exigence professionnelle à côté de celle d'être propriétaire est ajoutée. Le candidat à la présidence doit exercer une profession ou avoir une industrie.

Il y a lieu toutefois de se questionner sur un ajout qui pourrait susciter de débat dilatoire. Le décret électoral du 2 mars 2015 a énoncé que le candidat à la présidence doit *être un haïtien ou haïtienne d'origine, n'a jamais renoncé à sa nationalité,* comme l'a mentionné la constitution, mais a continué; il ne doit non plus *détenir aucune autre nationalité au moment de l'inscription.*

Le fait d'être né haïtien d'origine et n'avoir jamais renoncé à sa nationalité, comment pourra t-on détenir une autre nationalité peu avant son inscription si on a jamais été naturalisé ? Cet ajout laisse à interprétation et envisage la double nationalité à la naissance qui n'est pas accepté par la constitution (article 15 de la constitution)

B-   La déclaration

Art. 83.- Tout citoyen ayant qualité d'électeur peut, suivant les conditions prévues au présent chapitre, se porter candidat/candidate à une fonction élective prévue lors des compétitions électorales.

Art 85.- Au cours des compétitions électorales, aucun citoyen ne peut se porter candidat à deux fonctions électives à la fois dans une ou plusieurs circonscriptions, ni figurer comme candidat sur plusieurs listes de cartel.

Art. 87.- Tout candidat ou candidate à une fonction élective doit se présenter, muni de toutes les pièces requises au Bureau central du CEP, au BED, au BEC concerné en vue de faire la déclaration de sa candidature dans la forme indiquée par le présent décret.

Art. 87-1.- Le candidat ou la candidate et les membres d'un cartel à une fonction élective quelconque doivent remplir individuellement le formulaire de renseignements préparé par le Conseil électoral provisoire avant de soumettre toute déclaration de candidature.

Art. 88.- Les déclarations de candidature à la Présidence se font au siège du CEP.

Art. 97.- Trois (3) jours après le dépôt de candidatures, le CEP, le BED ou le BEC publie la liste des candidats dont le dossier est conforme aux exigences prévues à la section A du présent chapitre.

Art. 99.- Tout candidat ou cartel peut renoncer à sa candidature par un acte notarié adressé au CEP, au BED ou au BEC compétent dans un délai ne dépassant pas soixante-douze (72) heures à partir de la publication de la liste définitive des candidats agréés. Passé ce délai, aucune renonciation ne peut être prise en compte par le CEP, le BED ou le BEC compétent.

II- LA CANDIDATURE AUX ÉLECTIONS PARLEMENTAIRES

Le pouvoir législatif s'exerce par deux (2) chambres représentatives. Une chambre des Députés et un Sénat qui forment le corps législatif ou Parlement. La réunion en une seule assemblée des deux branches du pouvoir législatif constitue l'assemblée nationale.

La cinquantième (50e) législature vient cette année d'être renvoyée par le Président Jovenel Moise sans pourvoir à son remplacement par la tenue des élections à jour.

A-   mode de scrutin

La chambre des Députés et le Sénat sont composés de membres élus au suffrage direct par les citoyens. Ils sont élus au suffrage à la majorité absolue. Les députés sont élus pour quatre (4) ans et sont indéfiniment rééligibles. Les sénateurs sont élus pour six (6) ans et sont indéfiniment rééligibles.

B- Déclaration de candidature

Art. 83.- Tout citoyen ayant qualité d'électeur peut, suivant les conditions prévues au présent chapitre, se porter candidat/candidate à une fonction élective prévue lors des compétitions électorales.

Art 85.- Au cours des compétitions électorales, aucun citoyen ne peut se porter candidat à deux fonctions électives à la fois dans une ou plusieurs circonscriptions, ni figurer comme candidat sur plusieurs listes de cartel.

Art. 87.- Tout candidat ou candidate à une fonction élective doit se présenter, muni de toutes les pièces requises au BED concerné en vue de faire la déclaration de sa candidature dans la forme indiquée par le présent décret.

Art. 87-1.- Le candidat ou la candidate à une fonction élective quelconque doit remplir individuellement le formulaire de renseignements préparé par le Conseil électoral provisoire avant de soumettre toute déclaration de candidature.

Art. 88.- Les déclarations de candidature au Sénat et à la Députation se font au BED concerné.

Art. 97.- Trois (3) jours après le dépôt de candidatures, le BED publie la liste des candidats dont le dossier est conforme aux exigences prévues à la section A du présent chapitre.

Art. 99.- Tout candidat ou cartel peut renoncer à sa candidature par un acte notarié adressé au CEP, au BED ou au BEC compétent dans un délai ne dépassant pas soixante-douze (72) heures à partir de la publication de la liste définitive des candidats agréés. Passé ce délai, aucune renonciation ne peut être prise en compte par le CEP, le BED ou le BEC compétent.

À Côte d'Ivoire, par une loi votée le 9 septembre 2004, l'Assemblée Nationale a institué la suppléance. Ainsi l'article premier de celle-ci dispose ceci: " *il est institué à l'Assemblée Nationale, la suppléance des Députés, organisée conformément aux dispositions de la présente loi*". L'article 2 précise qu' "*Il est procédé à la suppléance du Député à l'Assemblée Nationale lorsque celui-ci se trouve dans l'une des situations*".

Les conditions de candidature des suppléants sont les mêmes que celles du titulaire.

C-   Situations particulières : hypothèse d'un décès ou de retrait dans l'intervalle des deux tours

Art. 56.- En cas de décès ou d'incapacité mentale dûment constatée ou déclarée, par une autorité médicale compétente, d'un des candidats avant le premier tour du scrutin, il est remplacé par un autre candidat désigné par son parti ou groupement politique, remplissant les conditions d'éligibilité prévues dans le présent décret.

Art. 56-1.- Si ces circonstances interviennent après le premier tour pour un candidat admis au deuxième tour du scrutin, le Conseil électoral provisoire organise des élections partielles pour la circonscription concernée avec les candidats, partis ou groupements politiques inscrits.

Art. 56-2.- En cas de retrait, dans l'intervalle des deux tours, d'un des candidats admis au deuxième tour, ce candidat est remplacé de plein droit par celui qui, au premier tour, le suivait immédiatement et ainsi de suite. En cas d'égalité de voix entre deux candidats en deuxième position, ces deux derniers et le premier participent au tour suivant.

Les articles 50, 50-1 et 50-2 reprennent les mêmes dispositions des articles précédents, pour le Sénat et ceux 40, 43 et 43-1 pour le Président de la République. Quant au fameux article 43-2 du décret électoral du 2 mars 2015, il indique quoi faire en cas de vacance présidentielle, conformément à l'article 149 de la constitution du 29 mars 1987 amendée.

III-   LES ÉLECTIONS DES COLLECTIVITES TERRITORIALES

Au suffrage universel et direct, on parlera des maires, des membres des conseils d'administration de section communale, des membres des assemblées de section communales et des délégués de ville.

A-   Du CASEC

Art. 63 de la constitution.- L'administration de chaque section communale est assurée par un conseil de trois (3) membres élus au suffrage universel pour une durée de quatre (4) ans. Ils sont indéfiniment rééligibles.

L'article 58 du décret électoral du 2 mars 2015 pose pour condition, que le cartel comprenne au moins une femme.

B- *De la commune*

Art. 66 de la constitution.- La commune est administrée par un conseil de trois (3) membres élus au suffrage universel dénommé conseil municipal.

Art. 68.- Le mandat du conseil municipal est de quatre (4) ans et ses membres sont indéfiniment rééligibles.

L'article 62 du décret électoral du 2 mars 2015 pose pour condition que le cartel comprenne au moins une femme.

C- *De l'ASEC*

Art. 66 du décret électoral.- En attendant les mesures d'aménagement du territoire et l'établissement de liste officielle d'habitants par section communale, le nombre de membres à élire pour former les ASEC est déterminé suivant l'électorat de chaque section communale et est fixé provisoirement comme suit :

Pour les sections communales :

a) *De moins de 10,000 électeurs*
   5 représentants élus, dont au moins deux femmes ;
b) *De 10,001 à 20,000 électeurs*
   7 représentants élus, dont au moins trois femmes ;
c) *De plus de 20,000 électeurs*
   9 représentants élus, dont au moins trois femmes ;

Art. 67.- Le vote des membres des assemblées de section communale se fait au scrutin secret. Sont élus pour quatre (4) ans, le cartel ayant obtenu le plus grand nombre de votes valides.

D-   De délégués de ville

Art. 71-1.- L'élection des délégués de ville a lieu suivant la même méthode employée pour l'élection des membres des assemblées de sections communales.

Art. 71-4.- Les délégués de ville sont élus pour une durée de quatre (4) ans.

Art. 78.- Chaque département est administré par un conseil de trois (3) membres élus pour quatre (4) ans par l'assemblée départementale.

SECTION 2 : LES CANDIDATURES AU SUFFRAGE INDIRECT

Art. 21 du décret électoral.- Sont élus au suffrage indirect :

    a) *Les assemblées municipales (AM)*
    b) *Les assemblées départementales (AD)*
    c) *Les conseils départementaux (CD)*
    d) *Le conseil interdépartemental (CID)*

Art. 73 du décret électoral.- L'assemblée municipale est formée d'un représentant des délégués de ville et d'un représentant de chacune des assemblées de sections communales, conformément à l'article 67 de la constitution de 1987 amendée.

Art. 76 du décret électoral.- L'assemblée départementale est formée d'un (1) représentant désigné par chaque assemblée municipale. La durée de son mandat est de quatre (4) ans.

Art. 78.- Chaque département est administré par un conseil départemental de trois (3) membres, élus pour quatre (4) ans par l'assemblée départementale.

Art. 79.- Le conseil interdépartemental est formé d'un (1) représentant de chaque département, désigné par l'assemblée départementale parmi ses membres.

Pour conclure, l'article 90 du décret électoral du 2 mars 2015 exige pour la recevabilité de dossier de déclaration de candidature à tous les postes électifs quinze (15) pièces dont :

> m) Les attestations qui justifient l'acquittement régulier des redevances fiscales selon les lois et règlements en vigueur pour les cinq derniers exercices. Chaque attestation, pour être recevable, doit établir que l'impôt a été acquitté pour l'exercice concerné au plus tard à l'exercice suivant ;

Si chaque attestation pour être recevable, doit être acquittée au plus tard à l'exercice suivant, qu'en est-il des candidats qui sont récalcitrants au fisc ou qui ne paient que les cinq (5) ans d'un coup ? Leur dossier de candidature devrait être déclaré irrecevable.

> 0) une copie de date récente de la déclaration de patrimoine pour ceux et celles qui y sont assujettis.

Vu que les parlementaires sont indéfiniment rééligibles, cette disposition de l'article 90 du décret électoral de 2015 rendrait irrecevable leur dossier de candidature, car ils sont assujettis à la déclaration de patrimoine qu'ils ne font pas pour la majorité. Malheureusement, l'article 243-3 du même décret leur a accordé une dispense dans ses dispositions transitoires.

SECTION 3 : LE TOUR DES LOIS ÉLECTORALES D'HAÏTI RELATIF AUX CANDIDATS

I-   DES CONDITIONS POUR SE PORTER CANDIDAT A LA PRÉSIDENCE

Depuis les élections de 1987 jusqu'aux dernières en date, sous l'égide du décret du 2 mars 2015, exercer une profession dans la circonscription ou dans le pays est toujours une alternative au fait d'y être propriétaire, pour les candidats au Sénat et à la Députation. Le candidat à la Présidence pour sa part, n'était pas obligé. Il suffisait qu'il soit lui-même propriétaire. C'est le cas de citer les articles 34, 40 et 45 du décret du 10 août 1987 ; 10 à 12 du décret du 17 décembre 1987 et 40, 45 et 50 du décret du 6 février 1990 pour ne citer que ceux-là. Il a fallu attendre la loi du 27 novembre 2013, où la loi a inséré en son article 35, la possibilité pour le candidat à la présidence d'exercer une profession ou avoir une industrie en alternative au fait d'être propriétaire comme les candidats au Sénat et à la Députation. Le décret du 2 mars 2015 conditionne en son article 36 la candidature à la Présidence au fait que le candidat soit à la fois propriétaire et exerce une profession.

II-   DE LA DÉCLARATION ET DU DÉPÔT DE PIÈCES

La porte d'entrée de tout candidat au système électoral en Haïti est la déclaration de sa candidature, mais au préalable, il devra réclamer et remplir un formulaire de renseignement préparé par le CEP et mettre disponible toutes les pièces exigées pour sa candidature y compris le récépissé de la DGI attestant le paiement de son droit de déclaration de candidature appelé aussi cautionnement.

L'instance appelée à recevoir la déclaration de candidature et le dépôt de pièces varie en fonction du poste électif et/ou de la loi électorale en vigueur.

En 1987, le candidat à la Présidence fait sa déclaration au BED de l'Ouest (article 57 du décret du 10 août 1987), à la Députation et au Sénat aux BED de leur département, à la municipalité et aux CASEC au BEC de la commune (art. 59). Ces bureaux du CEP affichent sur leur porte principale la liste de tous les candidats dans les trois (3) jours qui suivent leur réception (art. 58) et un certificat de déclaration de candidature est émis aux candidats dix (10) jours au plus après le dépôt de sa déclaration (art. 55).

Pour le décret du 17 décembre 1987, les candidats aux fonctions électives font leur déclaration de candidature en personne au greffe du Tribunal de Paix de leur domicile civil ou politique et ils acheminent au CEP une copie certifiée de cette expédition (art. 16). Le dépôt de pièces de candidature se fait au BED de l'Ouest pour le candidat à la Présidence, aux BED pour ceux à la Députation et au Sénat et aux BEC pour ceux de la municipalité et CASEC (art. 19). Le CEP délivre un certificat de candidature après les contestations (art. 21).

En 1990, selon le décret du 6 février, les candidats aux fonctions électives pouvaient faire leur déclaration de candidature en personne au bureau du conseil électoral de leur juridiction, mais le dépôt de pièces devait se faire comme dans les décrets antérieurs (articles 60 et 64). En juillet 1990, la déclaration de candidature à tout poste électif est faite au BEC du domicile civil ou politique du candidat (art. 63 de la loi électorale du 9 juillet 1990) et le dépôt de pièces de la même manière, comme auparavant (article 74 et 75)

En 1995, la déclaration de candidature est faite au BEC (art. 61 de la loi électorale du 14 février 1995). Cependant, le candidat à la Présidence fait son dépôt de pièces au CEP, au Sénat et à la Députation aux BED, aux municipalités et aux CASEC aux BEC (articles 72, 72-1)

En 1999, la déclaration de candidature pour la municipalité et le CASEC est faite au BEC concerné (articles 90 et 95 de la loi du 19 juillet 1999).

En 2005, la déclaration de candidature pour la municipalité, CASEC et délégué de ville est faite au BEC alors que pour la Présidence, le Sénat et la Députation au BED (articles 114 et 116 du décret du 3 février 2005).

En 2008 et 2013, la déclaration de candidature à la Présidence se fait au CEP, au Sénat et à la Députation aux BED concernés, à la municipalité, et aux CASEC aux BEC concernés (articles 91 et 92 dc la loi du 9 juillet 2008 et 88 de la loi du 27 novembre 2013).

III- DU PAIEMENT DES FRAIS DE DÉCLARATION DE CANDIDATURE OU CAUTIONNEMENT À LA DIRECTION GÉNÉRALE DES IMPÔTS (DGI)

	1987- fév. 1990	9 juillet 1990	1995
Président	5,000 gourdes	4,000 gourdes	3,000 gourdes
Sénat	3,750 gourdes	2,000 gourdes	1,500 gourdes
Députation	2,000 gourdes	1,200 gourdes	1,000 gourdes
Conseil Municipal	200 gourdes	600 gourdes	600 gourdes
CASEC	25 gourdes	75 gourdes	75 gourdes
Références	Art. 54 du décret du 10 août 1987	Articles 67 à 69 de la loi du 9 juillet 1990	Articles 66 à 68 de la loi du 14 février 1995
	Art. 15 du décret du 17 déc. 1987		
	Art. 59 du décret du 6 fév. 1990		

	1999/candidats de parti	1999/candidats indépendants	2005
Président	--- gourdes	--- gourdes	25,000 gourdes
Sénat	750 gourdes	7,500 gourdes	10,000 gourdes
Députation	500 gourdes	5,000 gourdes	5,000 gourdes
Conseil Municipal	300 gourdes	3,000 gourdes	3,000 gourdes
CASEC	125 gourdes	1,250 gourdes	300 gourdes
ASEC	125 gourdes	1,250 gourdes	150 gourdes
Délégué de ville	150 gourdes	1,500 gourdes	150 gourdes
Références	Art. 93 de la loi du 19 juillet 1999	Art. 93 de la loi du 19 juillet 1999	Article 119 du décret du 3 février 2005

	2008	2013	2015
Président	500,000 gourdes	500,000 gourdes	500,000 gourdes
Sénat	100,000 gourdes	100,000 gourdes	100,000 gourdes
Députation	50,000 gourdes	50,000 gourdes	50,000 gourdes
Conseil Municipal	25,000 gourdes	15,000 gourdes	15,000 gourdes
CASEC	3,000 gourdes	3,000 gourdes	3,000 gourdes
ASEC	1,000 gourdes	200 gourdes	200 gourdes
Délégué de ville	1,000 gourdes	--- gourdes	200 gourdes
Références	Art. 96 de la loi du 9 juillet 2008	Art. … de la loi du 27 novembre 2013	Article 91 du décret du 2 mars 2015

Ce frais de déclaration de candidature versé à la DGI n'est pas remboursable jusqu'en 1990 où ce montant était remboursable à cinquante (50%) pour cent, à condition que le candidat malheureux obtienne au moins dix (10%) pour cent du suffrage exprimé art. 59 du décret électoral du 6 février 1990. En 1995, ce cautionnement n'était pas remboursable. Toutefois, si le candidat renonce à sa candidature dans le délai imparti, il pourra récupérer la moitié de la somme versée (article 68-1 de la loi du 14 février 1995).

En 1999, le remboursement du cautionnement était complet pour tout candidat ayant obtenu dix (10%) pour cent des votes valides (article 93 de la loi du 19 juillet 1999).

L'article 91 du décret du 2 mars 2015 prévoit quarante (40%) pour cent de réduction en cas d'inscription de trente (30%) de femmes ; trente (30%) pour cent de réduction en cas d'inscription de dix (10%) de personnes ayant un handicap et trente (30%) pour cent de réduction en cas d'inscription de cinquante (50%) de candidats acceptés ayant une compétence et un niveau académique équivalent au moins à une licence (article 92 du décret électoral de 2 mars 2015). C'est une nouveauté dans toute l'histoire des élections en Haïti.

IV-   SITUATIONS PARTICULIÈRES

Au début, rien n'était prévu en cas de décès ou d'incapacité constatée d'un candidat avant le premier tour. Ce n'est qu'en 1999 qu'il a été fait provision légale de remplacement d'un candidat en cas de décès ou d'incapacité physique et mentale constatée avant le premier scrutin par un autre candidat désigné par son parti, groupement ou regroupement de parti politique (articles 56 et 65 de la loi du 19 juillet 1999). Cette même disposition sera reprise dans la loi électorale du 23 novembre 2008 en ses articles 42, 50, 56, 59-1, 59-2, 63-2, 69 pour les candidats à la Présidence, le Sénat, la Députation et la Municipalité avec la possibilité pour les autres membres vivant du cartel de choisir eux-mêmes le remplacement du de cujus. L'article 87-3 du décret du 2 mars 2015 va plus loin en permettant aux membres de la famille d'un candidat indépendant de designer un remplacement à ce candidat décédé ou frappé d'incapacité physique et mentale avant le premier tour.

C'est à partir de la loi du 19 juillet 1999 que le législateur haïtien a commencé par encourager le quota de tente (30%) pour cent de femmes dans les élections à partir de réduction faite sur le montant du cautionnement à payer par les candidats de sexe féminin (article 94). Mais en 2013, il a exigé pour la première fois que tout cartel de trois (3) membres doit avoir au moins une femme (articles 58 et 62 de la loi électorale du 27 novembre 2013). Le décret électoral du 2 mars 2015 a repris les mêmes dispositions (articles 58 et 62).

CHAPITRE III : LES INÉLIGIBILITÉS ET INCOMPATIBILITÉS

Le candidat est un potentiel élu mais avant, il doit être éligible (section 1) et non en incompatibilité au poste électif (section 2).

SECTION 1: L'ÉLIGIBILITÉ ET L'INÉLIGIBILITÉ

Après avoir défini ces notions (I), nous montrerons qu'elles sont soumises à des principes directeurs (II) et connaissent des conditions générales applicables à la plupart des élections (III) ainsi que des conditions propres à certaines élections (IV).

I-   DÉFINITION

A-   L'éligibilité

Selon le lexique des termes juridiques, l'éligibilité[10] est l'aptitude à être élu, qui suppose la réunion de diverses conditions.

B-   L'inéligibilité

Selon le lexique des termes juridiques, l'inéligibilité[11] entraîne l'incapacité d'être élu. Elle se décline en deux types : l'inéligibilité absolue et l'inéligibilité relative.

---

[10] GUILLIEN R VINCENT J, *Lexique des termes juridiques*, Paris, DALLOZ, 2010, p. 385

[11] Idem

La première est une situation qui rend inéligible dans toutes les circonscriptions électorales (ex. certaines condamnations).

La seconde est la situation qui rend inéligible dans certaines circonscriptions seulement (cas des fonctionnaires d'autorité qui sont inéligibles dans le ressort où ils exercent leurs fonctions).

Dans sa décision n°2013-326 QPC du 5juillet 2013, le juge constitutionnel français précise que les inéligibilités n'ont pas seulement pour effet de rendre irrecevable la candidature et, si le préfet ne s'y est pas opposé lors du dépôt de celle-ci, d'entraîner la nullité des opérations électorales. Elle conduit à la démission d'office de celui qui se trouve, postérieurement à l'élection, dans une situation d'inéligibilité[12].

II-   LES PRINCIPES DIRECTEURS

- La compétence du législateur pour établir les inéligibilités
- Le principe d'interprétation stricte des inéligibilités

En effet, c'est au législateur qu'il revient la tâche d'établir les règles du jeu en fixant les conditions d'éligibilités qui doivent avoir une interprétation à la lettre. Le principe jurisprudentiel d'interprétation stricte des inéligibilités a été posé par le juge constitutionnel français dans sa Décision du 11 **mai 1967 - Décision N° 67-366/477 AN, relative à** l'affaire Meurthe-et-Moselle dans son troisième considérant.

---

[12] JEAN-LOUIS, M.- *Inéligibilités au mandat de conseiller municipal,* Décision n°2013-326 QPC du 5juillet 2013

III- LES CONDITIONS GÉNÉRALES D'ÉLIGIBILITÉ

- La nationalité
- La condition d'âge
- La capacité

IV- LES CONDITIONS D'ÉLIGIBILITÉ PROPRES À CHAQUE ÉLECTION

Pour cette élection, les conditions propres sont entre autres :

- Le cautionnement (voir le paiement des frais de déclaration de candidature ou cautionnement à la Direction Générale des Impôts, p 42)
- Le fait d'être propriétaire et/ou d'exercer une profession
- La détention de sa Carte d'identification nationale
- Recevoir décharge de sa gestion si on a été comptable de deniers publics
- Être en règle avec le fisc
- Et détenteur de sa déclaration de patrimoine pour celui ou celle qui y est assujetti.

SECTION 2: L'INCAPACITÉ DE CONSERVER UN MANDAT: LES INCOMPATIBILITÉS

Selon le lexique des termes juridiques, l'incompatibilité est l'interdiction faite au titulaire d'un mandat politique de cumuler celui-ci avec des fonctions qui pourraient en compromettre l'exercice. L'incompatibilité ne vicie pas l'élection, mais oblige l'élu à choisir entre le mandat qu'il a sollicité et la fonction incompatible. Elle n'empêche pas de se présenter à l'élection. L'on pourrait dégager les principes directeurs de l'incompatibilité (I) et l'interdiction des cumuls de mandats (II).

I- LES PRINCIPES DIRECTEURS DE L'INCOMPATIBILITÉ

L'incompatibilité n'interdit pas la candidature mais s'oppose à la conservation simultanée du mandat et de la fonction mettant l'élu en situation d'incompatibilité. Ainsi, en cas d'élection, le candidat élu devra opter entre le mandat acquis et la fonction ou le mandat incompatible.
L'existence d'une incompatibilité est donc sans incidence sur la régularité de l'élection. En cas de contestation de l'élection, les incompatibilités prennent effet à la date à laquelle la décision juridictionnelle confirmant l'élection devient définitive.

II- L'INTERDICTION DES CUMULS

Ce principe est absolu en Haïti alors qu'en France, il est relatif. En ce qui concerne le cumul des mandats, donnons quelques exemples: un conseiller régional ne peut détenir qu'un seul autre des mandats locaux suivants : conseiller municipal, conseiller départemental, conseiller de Paris, conseiller à l'assemblée de Guyane, conseiller à l'assemblée de Martinique.

En outre, nul ne peut être membre de plusieurs conseils régionaux.

En Haïti, depuis le décret du 10 août 1987, *le militaire en activité de service, pour se porter candidat à une fonction élective, doit obtenir sa mise en disponibilité ou sa mise à la retraite un an avant la parution de la loi électorale (art. 27-2). Les membres du conseil municipal, les CASEC, les préfets ne peuvent être candidats à une fonction élective s'ils ne démissionnent huit (8) jours après la parution du présent décret.*

Le décret du 17 décembre 1987 va plus loin en ajoutant de la liste des incompatibles, *les concessionnaires ou cocontractants de l'État ou de la commune pour l'exploitation des services publics, leur représentants ou mandataires, les juges, les officiers du Ministère Public dont les fonctions n'ont pas cessé six (6) mois avant la date fixée pour les élections, les fonctionnaires et employés publics qui n'auraient pas démissionné vingt-cinq (25) jours avant la date fixée pour les élections.*

CHAPITRE IV: LES DÉLINQUANTS ÉLECTORAUX

La notion de délinquant électoral est utilisée par Bernard Maligner dans son ouvrage intitulé "Droit électoral". Il y assimile délit électoral, infraction politique et fraude électorale. Ainsi par fraude électorale, on peut entendre toute tentation d'un camp à vouloir détourner en sa faveur, tout ou une partie du corps électoral. La fraude donne naissance au contentieux électoral.

Bernard Maligner distingue deux types de délinquants électoraux: les délinquants électoraux ordinaires (section 1) et les délinquants électoraux particuliers, appelés les fraudeurs (section 2). Les techniques de fraudes électorales seront également abordées (III). Pour finir, le tableau récapitulatif des infractions électorales en Haïti sera affiché (IV).

SECTION 1: LES DÉLINQUANTS ÉLECTORAUX ORDINAIRES (DE)

Ce sont les auteurs d'une délinquance exempte d'esprit de fraude. Les exemples suivants permettent de cerner le contenu de cette forme de délinquance:

- La distribution de documents électoraux par des agents publics;
- La diffusion auprès du public d'un numéro d'appel téléphonique;
- La distribution de documents électoraux le jour du scrutin;
- La divulgation de résultats en dehors des voix requises (article 86 du code électoral)

SECTION 2: LES FRAUDEURS (F)

Les fraudeurs peuvent être définis comme les personnes ayant pour objectif de violer délibérément la loi pénale et qui cherchent à altérer la sincérité du scrutin ou de fausser ses résultats. En vue de lutter contre les fraudeurs, le législateur a mis en place un arsenal répressif (voir le tableau récapitulatif des infractions électorales à la fin de ce chapitre).

SECTION 3 LES TECHNIQUES DE FRAUDE ÉLECTORALE

Elles peuvent s'observer sur deux plans: institutionnel et juridique

I- LA FRAUDE SUR LE PLAN INSTITUTIONNEL ET ADMINISTRATIF.

A- Le charcutage électoral

En premier lieu, le fraudeur dissimule ses intentions dans les opérations de recensement général de la population en procédant au rétrécissement du fief électoral de l'adversaire.

B- Le découpage tendancieux des circonscriptions électorales.

Dans les fiefs de l'opposition aux législatives par exemple, on affecte moins de sièges pour réduire le volume de candidats éligibles et moins de bureaux de vote pour réduire le nombre de votes exprimés ; alors que dans les fiefs du pouvoir, on gonfle à suffisance le nombre de sièges.

C-   **Le caractère discriminatoire de la composition de la commission électorale**

Dans l'organisation des élections, on relève une composition partisane des membres du conseil et du personnel électoral qui demeure en faveur du pouvoir en place.

II-   **LA FRAUDE SUR LE PLAN LÉGISLATIF**

Le fraudeur dissimule aussi ses intentions dans la loi électorale. Par exemple, on peut durcir les conditions d'éligibilité ou de vote dans le but d'exclure tout ou une partie des adversaires ou de l'électorat. C'est le cas de l'exclusion de la diaspora, du refus de la double nationalité, de la manipulation de la limite d'âge (minimale ou maximale), des contraintes de séjour au pays (augmentation du nombre d'années requis), etc

SECTION 4 : TABLEAU RÉCAPITULATIF DES INFRACTIONS ÉLECTORALES EN HAÏTI

Voyons le tableau récapitulatif des infractions électorales en Haïti, selon le dernier texte en vigueur, celui du 2 mars 2015

I-   CONTRAVENTIONS

CATÉGORIE	INFRACTIONS	RÉF.	PEINES
DE	Créer obstacle à une réunion électorale d'un parti ou candidat	189	Amende de 5,000 à 20,000 gourdes Et Prison de 1 a 30 mois
DE	Violation de secret de vote	190	Amende de 10,000 à 25,000 gourdes
DE	Utiliser les murs des clôtures à des fins de propagande électorale	191	Amende de 10,000 à 25,000 gourdes
DE	Destruction des affiches et autres destinées à la propagation électorale	192	Amende de 25,000 à 150,000 gourdes Et Prison de 10 à 20 jours
DE	Faire obstacle à une réunion électorale d'un parti ou candidat	192-1	Amende de 50,000 à 100,000 gourdes
DE	Vendre ou consommer des boissons alcoolisées dans les lieux publics la veille du scrutin jusqu'à 6 :00 du matin le lendemain du scrutin	193	Amende de 1,000 à 20,000 gourdes Et Prison de 10 à 25 jours
DE	Tentative de vote par une personne déchue du droit de voter	193-2	Prison de 10 à 25 jours

N.B

L'article 193-1 parle de récidive, mais l'analyse du texte pose les complexités juridiques suivantes :

1- S'agit-il de la récidive uniquement du fait de vendre ou de consommer des boissons alcoolisées dans les lieux publics avant la veille du scrutin jusqu'à 6 :00 du matin le lendemain du scrutin ou des sept cas de contravention mentionnés dans ce décret électoral ?

2- En cas ou la récidive serait collective, comment comprendre que l'emprisonnement est de 20 à 35 jours alors que l'article 189, a prévu 1 à 30 mois d'emprisonnement en cas de création d'obstacles à une réunion électorale ?

3- Il est de principe que la récidive est une circonstance aggravante, si tel est le cas, alors y a-t il une erreur matérielle à l'article 189 ? Ainsi, au lieu d'1 à 30 mois, il s'agirait de 1 à 30 jours ? malheureusement en matière pénale, l'interprétation des textes est stricte.

II-   DÉLITS

CATÉGORIE	INFRACTIONS	RÉF.	PEINES
F	Voter plus d'une fois dans une assemblée électorale	195	Amende de 10,000 à 25,000 gourdes Et Prison de 6 mois à 1 an
F	Faciliter une personne à voter frauduleusement	195- 1	Amende de 10,000 à 25,000 gourdes Et Prison de 6 mois à 1 an
DE	Troubler les opérations de vote	196	Amende de 25,000 à 100,000 gourdes Et Prison de 1 à 3 ans
DE	Organisation ou participation à des manifestations publiques le jour du scrutin	197	Amende de 10,000 à 25,000 gourdes Et Prison de 6 mois à 1 an
DE	Publier des pronostics électoraux sur le déroulement des élections le jour du scrutin	197-1	Amende de 30,000 à 100,000 gourdes

DE	Outrage à un fonctionnaire du CEP	198	Amende de 25,000 gourdes Et Prison de 6 mois à 1 an
DE	Pénétrer dans un BV avec une arme au vu et au su de tous	199	Amende de 5,000 à 25,000 gourdes
DE	Pénétrer dans un BV avec une arme dissimulée	200	Amende de 15,000 à 75,000 gourdes Et prison de 6 mois
DE	Empêcher le fonctionnement du BV ou sa tentative	201	Amende de 10,000 à 100,000 gourdes Et Prison de 6 mois à 3 ans
F	Détournement du suffrage d'un électeur	201-1	Prison de 6 mois à 3 ans
F	Influencer ou marchander le vote d'électeur ou sa tentative	201-2	Amende de 30,000 à 100,000 gourdes Et Prison de 6 mois à 3 ans

F	Influencer par la violence, le vote d'électeur ou sa tentative	201-3	Amende de 30,000 à 100,000 gourdes Et Prison de 6 mois à 3 ans
F	Induire en erreur un électeur, le porter à s'abstenir de voter	202	Amende de 25,000 à 50,000 gourdes Et Prison de 6 mois à 3 ans
DE	Faire irruption avec violence dans un BV	203	Amende de 50,000 à 150,000 gourdes Et Prison de 1 à 5 ans
DE	Faire de propagande en faveur d'un candidat, faciliter l'usage de biens publics à la campagne de candidats	204	Amende de 50,000 à 150,000 gourdes Et Prison de 3 à 5 ans
DE	Perte de matériel électoral	206	Prison de 3 à 5 ans

III-   CRIMES

CATÉGORIE	INFRACTIONS	RÉF.	PEINES
DE	Accepter sciemment une déclaration de candidature comportant manifestement de fausses pièces	208	Peines de faux en écriture
DE	Faire une déclaration de candidature en utilisant de faux ou en dissimulant une incapacité	209	Peines de faux en écriture
F	Voter en utilisant une inscription frauduleusement ou faussement les noms d'électeurs inscrits	210	Amende de 100,000 gourdes Et Travaux forcés à temps
F	Falsification des procès-verbaux, soustraction de bulletins	211	Amende de 500,000 à 1,000,000 gourdes Et Travaux forcés à temps
F	Modification de la liste électorale	211-1	Amende de 500,000 à 1,000,000 gourdes Et Travaux forcés à temps
F	Fabrication de fausse carte d'électeur et usage	212	Peines de faux et d'usage de faux
DE	Usage d'arme à l'intérieur du BV	213	Réclusion
F	Enlèvement d'urne de BV contenant les suffrages	214	Réclusion

 CONTRADICTIONS ET OBSERVATIONS

1- L'article 216 interdit aux auteurs des infractions électorales de bénéficier de liberté provisoire alors que l'article 207 de son côté en admet.

2- Les articles 205 et 217 traitent des circonstances aggravantes, le fait de planifier les infractions électorales dans tout le pays ou dans plusieurs endroits du pays. Cette cause d'aggravation est valable qu'en matière de délits et de crimes électoraux.

3- Les articles 218 et 218-1 traitent des peines complémentaires aux principales, à savoir la perte des droits civils et politiques pendant 5 ans au moins et 10 ans au plus, révocation (destitution) du fonctionnaire.

4- L'article 219 reprend les dispositions de l'article 215. Il en est de même de l'article 192-1 par rapport à l'article 189 même si dans ce dernier cas, les peines sont différentes et le verbe *créer* est remplacé par *faire*.

Pour finir, c'est trop beau pour être vrai. La partie des infractions électorales a dépeint trop bien la réalité électorale haïtienne et se donne de forts instruments juridiques pour faire obstacles aux délinquants électoraux. Cependant, le constat ne nous a donné aucune poursuite, voir une condamnation alors que toutes les infractions susmentionnées sont réalisées au vu et au su de tout le monde. Est-ce parce qu'aucun article du texte n'a prévu de poursuivre les responsables des BEC ou des BED et tous les Commissaires du Gouvernement qui ont agi par complaisance qui explique le fait que ces autorités ont sciemment refusé de poursuivre les auteurs des infractions électorales connues ?

TITRE II LES OPÉRATIONS ÉLECTORALES

Par opérations électorales, il faut comprendre, au sens le plus large- celui qu'il convient de lui donner- les opérations préparatoires au scrutin (chapitre I), qui se distinguent nettement de la campagne électorale (chapitre II), sans lesquelles il est impossible que les opérations de vote (chapitre III) se déroulent aussi bien que les opérations finales, postérieures au vote (chapitre IV).

CHAPITRE I: LES OPÉRATIONS PRÉPARATOIRES AU SCRUTIN

Les opérations préparatoires sont définies comme l'ensemble des opérations qui concourent à l'organisation de l'élection et qui font intervenir le législateur, le pouvoir exécutif et l'administration. Ce sont notamment les principes gouvernant l'exercice du suffrage (Section 1), la détermination des modes du scrutin (section 2), la détermination des circonscriptions électorales (section 3), l'établissement et la distribution des cartes d'électeurs (section 4).

SECTION 1: LES PRINCIPES GOUVERNANT L'EXERCICE DU SUFFRAGE

Ces principes sont l'universalité (I), l'égalité (II), la liberté (III) la démocratie (IV) et la sincérité (V).

I- LE PRINCIPE DE L'UNIVERSALITÉ DU SUFFRAGE

S'il peut revêtir des modalités différentes - le suffrage peut être direct ou indirect. Le suffrage doit, en tout état de cause, être égal et secret, pour que chaque voix ait la même valeur et que chaque voix s'exprime librement. Le suffrage universel est la première condition d'un régime politique démocratique.

A- Les limites du suffrage universel

Selon Philippe ARDANT[13], le suffrage dit universel n'est jamais entièrement universel. Cette analyse ne manque pas de pertinence. Car tous les habitants ne sont pas inscrits sur la liste électorale. Il existe en effet, toute une série de limitations matérielles ou juridiques de portée variable selon le pays qui montrent que le suffrage ne peut jamais être universel.

Citons quelques limitations :

1- La majorité électorale

Un minimum de maturité, de conscience civique et politique, est indispensable pour pouvoir prétendre à participer aux élections. Aussi dans tous les pays existe-t-il un âge minimum au-dessous duquel les enfants et les adolescents ne peuvent pas être des électeurs.

---

[13] ARDENT P, Institutions politiques et droit constitutionnel, LGDJ, 13 éd., 2001, p. 199

2- La nationalité

Le droit de suffrage (droit civique) est réservé en général aux nationaux. Les étrangers en sont exclus. Et même pour les nationaux, les règles électorales peuvent être très sévères..

3- Le passé judiciaire :

Les individus qui ont maille à partir avec la justice et qui ont été condamnés pour des infractions graves sont souvent privés du droit de vote, ils en, sont « indignes ». Considérés comme de mauvais citoyens, ils sont exclus du corps électoral à temps ou à vie.

4- Les aliénés

Un minimum de discernement est requis pour exercer le droit de suffrage. Les maladies mentales privent certains citoyens de leurs facultés intellectuelles et les législations électorales prévoient qu'ils ne peuvent alors avoir la qualité d'électeurs.

II- LE PRINCIPE DE L'ÉGALITÉ ENTRE LES CANDIDATS

Il se laisse saisir à l'article 8 de la charte africaine de la démocratie, des élections et de la gouvernance: Les États éliminent toutes les formes de discrimination, en particulier celles basées sur l'opinion politique, le sexe, l'ethnie, la religion et la race, ainsi que toute autre forme d'intolérance. L'article 25.B du Pacte International sur les droits civils et politiques évoque également le principe d'égalité devant le suffrage.

III- LE PRINCIPE DE LA LIBERTÉ DU SUFFRAGE

Elle se manifeste à travers la liberté donnée à l'électeur de choisir entre plusieurs candidats. La liberté de l'électeur se mesure aussi par le choix qu'il a, entre voter et ne pas voter ainsi que l'autonomie d'action que lui procure le mode de scrutin.

IV- LE PRINCIPE DE L'ÉLECTION DÉMOCRATIQUE

Selon les principes de la démocratie électorale, tous les citoyens jouissent les mêmes droits de participer en tant qu'électeur ou candidat. Ils doivent tous jouir les mêmes droits de vote.

V- LA SINCÉRITÉ DU VOTE

La notion de " sincérité du scrutin " est, sans doute, l'une des plus répandues du droit électoral. Le juge électoral, quel qu'il soit, l'utilise très fréquemment dans ses décisions et lui fait même jouer un rôle majeur puisque c'est son respect ou son atteinte qui détermine, le plus souvent, le sort du contentieux en cours.

On peut définir la sincérité du scrutin comme le révélateur de la volonté réelle de l'électeur.

SECTION 2: LA DÉTERMINATION DES MODES DU SCRUTIN

Les modes de scrutin: ce sont les règles qui fixent la manière dont il est possible de se porter candidat et d'être élu[14]. Le mode de scrutin est une technique permettant de transformer des suffrages, par définition individuels, en nombre de sièges. Suivant le choix qui en est fait, le résultat n'est pas le même, parfois dans des proportions considérables.

Les modes de scrutin présentent trois caractéristiques dont certaines peuvent se combiner. Ce sont notamment le scrutin uninominal/ scrutin de liste (1), scrutin majoritaire/scrutin proportionnel (2), les effets des modes de scrutin (3).

I- DISTINCTION ENTRE LE SCRUTIN UNINOMINAL ET LE SCRUTIN DE LISTE

Le scrutin uninominal et le scrutin de liste sont différents aussi bien dans leur principe que dans leurs modalités et conséquences[15]. Selon qu'il s'agisse d'un seul candidat ou de plus d'un candidat à désigner, on choisit le scrutin uninominal (A) ou le scrutin plurinominal (B).

---

[14] MASCLET, J. C.- *Droit électoral*, Paris, PUF, Collection Droit fondamental, 1989

[15] SALAMI ID, GANDONOU DOM, *Droit constitutionnel et institutions du Bénin*, p 141

A- Le scrutin uninominal

Le principe : dans ce scrutin, l'électeur ne vote que pour un seul candidat. Le bulletin de vote peut porter un seul nom surtout dans les petites circonscriptions. Mais en cas de pluralité de candidatures, il peut porter les noms et photographies de tous les candidats. Exemple : l'élection du Président de la République. Le scrutin uninominal ne s'applique qu'au scrutin majoritaire.

Modalités : aucune modalité particulière.

Conséquences : elles se remarquent sur le plan politique. Le scrutin uninominal a pour effet l'existence d'un lien personnel entre l'élu et l'électeur parce qu'on vote pour celui que l'on connaît, celui que l'on préfère. Ainsi, ce ne sont pas toujours les idées ou programmes qui guident le choix des électeurs.

B- Le scrutin de liste ou plurinominal

Principe : L'électeur vote pour plusieurs candidats qui sont présentés sur une même liste ou sur un même bulletin de vote dans le cadre d'une circonscription relativement étendue. Ce système s'applique au scrutin majoritaire. Se posent alors selon le Doyen MELEDJE DJEDJRO, deux questions relatives aux **modalités**: celle de la liberté de l'électeur et celle de l'égalité entre les candidats.

1. De la liberté de l'électeur

Le poids des partis politiques ici est déterminant. On assiste à un accaparement du suffrage par les partis politiques. La liberté de choix de l'électeur est entre les listes bloquées et les listes réaménagées. Cette liberté s'apprécie à la distinction entre le système de listes bloquées et le système de listes réaménagées.

- Le système de listes bloquées: le citoyen vote pour une liste entière.
- Le système de listes réaménagées: le vote est ici personnalisé.

L'électeur peut réaménager l'ordre de présentation à l'intérieur de la liste. Ce système appelé le vote préférentiel est pratiqué en Autriche, Finlande, au Pays Bas, en Suisse et au Luxemburg.

Mais l'électeur peut également dresser sa propre liste en choisissant les candidats figurant sur les listes proposées.

2- De l'égalité des candidats d'une même liste dans un scrutin proportionnel de liste bloquée

Dans un scrutin de liste, chaque liste doit comporter autant de noms que de sièges à pourvoir.-dans un scrutin de liste majoritaire, c'est toute la liste qui est élue ou alors n'est pas élue; - dans un scrutin proportionnel, certains noms, ceux qui sont situés loin de la tête de liste ont moins de chance d'être élus. Tout dépend de la hiérarchie qui est établie par le parti entre ses candidats.

Conséquences :
- L'inexistence d'un lien personnel entre l'élu et l'électeur (au contraire du scrutin uninominal) car souvent ce n'est que la tête de liste que l'on connaît;

- On pourrait supposer que, ici, seules les idées ou programme ont pu retenir l'attention de l'électeur. Mais cela n'est pas toujours évident.

Haïti a fait son choix de mode de scrutin à travers les articles 114 et 145 de son décret électoral du 2 mars 2015.

II- SCRUTIN MAJORITAIRE/ SCRUTIN PROPORTIONNEL

Quel pourcentage de voix faut-il à un candidat pour être élu ? Le choix est à faire entre le scrutin majoritaire (A) et la représentation proportionnelle (B).

A- Le scrutin majoritaire

C'est le mode de scrutin qui permet d'attribuer la totalité des sièges à la liste ou au candidat qui a obtenu le plus grand nombre de suffrages. Il s'applique au scrutin uninominal ou au scrutin de liste. Il peut se dérouler en un tour ou en deux tours.

1- Le scrutin majoritaire à un tour

L'élection a lieu en un seul tour. Le candidat ou la liste qui obtient plus de voix que ses concurrents, remportent l'élection. Exemple: Grande Bretagne

Avantages

- Le système est efficace en ce qu'il permet une majorité politique stable et homogène;
- Le système favorise l'alternance;
- Favorise le bipartisme

Inconvénients

- Effacement du parti tiers et inégalité entre les deux partis venant en tête;
- Scrutin injuste, brutal et peu juste, car on peut être majoritaire en nombre de sièges obtenus sans l'être dans l'opinion.

2- Le scrutin majoritaire à deux tours

Le scrutin a lieu en deux tours. Pour être déclaré vainqueur au premier tour, la liste ou le candidat doit obtenir la majorité absolue des suffrages, c'est-à-dire 50 % + 1. Si aucune liste n'a pu obtenir la majorité absolue, un deuxième tour est organisé, assorti quelquefois d'une condition de représentativité des partis ou des candidats appelés à participer à ce deuxième tour.

B-   La représentation proportionnelle
C'est un scrutin de liste ou scrutin plurinominal qui permet d'attribuer les sièges entre les listes en présence proportionnellement au nombre de voix qu'elles ont recueillies. La représentation proportionnelle est un système très variable et surtout extrêmement complexe de distribution des sièges entre les listes en présence.

Plusieurs méthodes permettent de déterminer le nombre de sièges à attribuer à chaque liste dont deux seront évoquées ici.

1- La méthode du quotient électoral (QE)
C'est le rapport entre les suffrages exprimés et le nombre de sièges à pourvoir. Les suffrages exprimés équivalent au nombre de votants moins les bulletins nuls et blancs.

Ici, il existe trois méthodes de calcul des restes.

- Méthode de la répartition des restes au niveau national ;
- Méthode des plus forts restes ;
- Méthode de la plus forte moyenne

2- Le système d'Hondt

Avantages:

- L'opinion est proportionnellement représentée;
- La classe politique est la représentation fidèle des convictions du pays;

En Haïti, ce sont les règlements du CEP du 22 octobre 2016 qui détermine la méthode de calcul des votes. On y priorise le calcul de la majorité absolue et celui de l'avance de vingt-cinq (25%) pour cent (réf. Moniteur spécial # 17 du 16 novembre 2016)

III-   LES EFFETS DES MODES DE SCRUTIN

Ils portent à la fois sur la représentation, sur les partis politiques et sur le fonctionnement des institutions.

A-   Effets sur la représentation

Le scrutin majoritaire et la répartition proportionnelle ont des effets sur la représentation, même si ceux du second apparaissent moins injustes.

1-   Le scrutin majoritaire face à la représentation

Ce scrutin est qualifié d'injuste. Cela a pour conséquences que d'autres tendances bien qu'importantes ne soient pas représentées. Toutefois, lorsqu'il est à un tour, il permet la constitution d'une majorité claire. Ce qui favorise la stabilité politique.

Lorsqu'il est à deux tours, il favorise les coalitions, ce qui renforce également la position du parti arrivé en tête des élections. Il désavantage les partis qui ne peuvent pas faire des alliances : exemple, le Front national en France.

2- Les effets de la représentation proportionnelle sur la représentation

Il est plus juste, car il reflète le poids effectif de chaque parti. Il favorise aussi la représentation des partis minoritaires et entraîne en conséquence la diversité. Les majorités sont difficiles à constituer.

Néanmoins, le pouvoir des partis se trouve renforcé au détriment de la liberté des électeurs, car ce sont les partis qui confectionnent leurs listes.

B- Les effets sur les partis politiques et sur le fonctionnement des institutions

Le scrutin majoritaire entraîne la stabilité. Ce n'est pas le cas de la Représentation proportionnelle.

1- Les effets sur les partis politiques

Scrutin majoritaire : il favorise le bipartisme lorsqu'il est à un tour, car les électeurs votent utilement. Exemple : Grande Bretagne.

Lorsqu'il est à deux tours, il favorise le multipartisme limité ou tempéré, car il implique des alliances, donc des négociations et des concessions, en vue du ballotage, ce qui a pour effet de favoriser les partis politiques du centre et non les extrêmes.

Représentation proportionnelle : elle favorise la discipline au sein des partis et leur multiplication au sein de la représentation. On parle de multipartisme affirmé. Ce mode de scrutin ne crée pas le système politique. Il l'accompagne en le favorisant et en le protégeant.

2- Les effets sur le fonctionnement des institutions

Scrutin majoritaire : il favorise l'apparition de la majorité et donc de la stabilité dans la gouvernance du pays quand il est à un tour.

Représentation proportionnelle : l'existence de nombreux partis implique nécessairement une coalition (souvent avec les partis centristes) pour dégager une majorité. La stabilité n'est donc pas garantie, car il y a manque d'homogénéité.

SECTION 3: LA DÉTERMINATION DES CIRCONSCRIPTIONS ÉLECTORALES

Cette donnée est elle-même conditionnée par le choix du mode de scrutin, notamment pour les élections aux assemblées (législatives, municipales, régionales, etc). Il faut choisir entre le système de la circonscription unique (I) et celui des circonscriptions plurielles (II). Dans tous les cas, le découpage électoral demeure important (III).

I- LE SYSTEME DE LA CIRCONSCRIPTION UNIQUE

Il est valable pour l'élection présidentielle parce qu'il ya un seul élu.

II- LES CIRCONSCRIPTIONS PLURIELLES

- Le système du nombre de circonscriptions égal au nombre de listes ou de candidats à désigner: autant de circonscriptions que d'élus;
- Le système des circonscriptions plurielles dont le nombre reste à préciser: le nombre de circonscriptions est variable en raison de la combinaison entre le scrutin de liste et le scrutin uninominal.

III- LES PRINCIPES DU DÉCOUPAGE ÉLECTORAL

Avant de préciser ses principes de base (B), l'objectif du découpage électoral doit être dégagé (A).

A- Objectif

Le découpage électoral vise à établir une égalité de représentation entre groupes politiques et entre les populations.

B- **Principes de base**

- Équilibre démographique: faire en sorte qu'à un nombre d'habitants corresponde un nombre fixe d'élus;
- Équilibre territorial, ethnique et tribal: recherche de l'homogénéité;
- Équilibre entre les villes et les localités rurales

Au terme du découpage, tous les électeurs doivent avoir le même poids lors des élections et dans la vie politique.

Mais à en analyser, le découpage électoral connaît de sérieuses limites.

- **L'insuffisance de données sur la démographie** due à la rareté du recensement général ;
- **Le pouvoir exclusif reconnu à l'administration pour le découpage électoral** de sorte que le contenu de l'intérêt général varie. Le découpage électoral subi les vicissitudes du politique.

Toutes ces difficultés amènent à l'annulation des dispositions de l'article 25.B du Pacte International sur les droits civils et politiques qui fait référence au principe d'égalité devant le suffrage. Ces difficultés amènent également à la violation du protocole de la CEDEAO sur les élections libres, transparentes et démocratiques.

En 1987, il y avait soixante dix-sept (77) députés et vingt-sept (27) sénateurs (article 38 et 64 du décret du 10 août 1987). En 1990, il y avait quatre-vingt-cinq (85) députés et toujours vingt sept (27) sénateurs (article 42 et 43 du décret électoral du 6 février 1990). Le nombre de députés est réduit à quatre-vingt trois (83) à l'article 87 de la loi électorale du 9 juillet 1990. Depuis la loi du 4 septembre portant création du Département des Nippes, le nombre de sénateurs est passé à trente (30) à raison de trois par département. Les articles 136 et 137 du décret électoral du 2 mars 2015 traitent des circonscriptions électorales et des départements. Ainsi, selon ce texte, il y a cent dix-huit (118) postes à la Députation à concourir. La loi détermine les limites des circonscriptions électorales.

SECTION 4: LA DISTRIBUTION DES CARTES D'ÉLECTEURS

Depuis 1987, les cartes d'électeurs sont distribuées par les Bureaux d'Inscription (BI) du Conseil Electoral (CEP) mis en place à l'ouverture du processus des joutes. Mais avec le décret du 1e juin 2005 relatif à la Carte d'Identification Nationale (CIN), les cartes électorales sont remplacées par la Carte d'Identification Nationale et sont délivrées par l'Office Nationale d'Identification (ONI) à l'exception des élections de 2005, où elles devaient être obtenues de la Direction du Registre Electoral (DRE) du Conseil Electoral (CEP).

Au moment de la rédaction de cet ouvrage, le gouvernement haïtien a pris un décret du 11 mars 2020 remplaçant la Carte d'Identification Nationale (CIN) par la Carte d'Identification Nationale Unique (CINU) qui sera toujours de la compétence de l'Office Nationale d'Identification (ONI).

CHAPITRE II : LA CAMPAGNE ÉLECTORALE

La campagne électorale, moment fort et souvent
déterminant des élections, est cette période où les candidats
et les programmes s'affrontent en vue de séduire les
lecteurs et d'obtenir leurs suffrages. Quels sont les moyens
de propagande dont disposent les candidats pour
convaincre les électeurs (I) ? Quels sont les interdits de la
campagne (II) ?

I- MOYENS POUR CONVAINCRE LES ÉLECTEURS

- Média de masse art 114-2.

Les médias d'État doivent concéder un nombre équivalent
d'heures d'antenne aux candidats et de concert avec ceux
privés, ils ne peuvent pratiquer de tarif discriminatoire.

- Communication collective art. 115

- Communication spécialisée pour les handicaps art.
  115

- Polémique sur la vie publique des candidats, leur
  programme et leur crédo politique art. 117

II-   LES INTERDITS

- Apposition d'affiches, graffitis et autres sur les clôtures art. 115

- Organisation de réunions à moins d'une distance d'un kilomètre de celle d'un autre candidat art. 115

- Utilisation des matériels et ressources de l'Etat pour se livrer à des activités de propagande électorale en sa faveur ou en celle d'un candidat art. 121

- Pas de réunion politique ou électorale après la date de fermeture de la campagne électorale fixée par le CEP art. 122

CHAPITRE III : LES OPÉRATIONS DE VOTE

A travers ce chapitre, on verra les opérations préparatoires au vote (I) et le vote proprement dit des électeurs (II). Le texte de base utilisé est le décret électoral en vigueur en Haïti celui du 2 mars 2015.

I- LES OPÉRATIONS PRÉPARATOIRES AU VOTE

1- Confection et impression des bulletins de vote (article 147-3) ;

2- Soumission de la liste de potentiels membres de BV 60 jours avant le scrutin pour leur choix (article 139-1) ;

3- Affichage de la liste des centres de vote (BV) et des membres de BV 30 jours avant le scrutin (article 138-1) ;

4- Nomination de deux agents administratifs de sécurité électorale par BV (article 141) ;

5- Prestation de serment des membres de BV (article 142) ;

6- Acheminement des bulletins de vote dans les BV (article 147-5) ;

7- Placard de la liste électorale par BV (article 152) ;

8- Déploiement des volontaires (article 141-2)

9-   Les membres de BV se présentent au poste le jour du scrutin une heure avant l'ouverture des opérations de vote (article 152) ;

10-   Possibilité de remplacer les absents par une procédure préétablie aux articles 148-1 à 148-3 ;

11-   Déclaration d'ouverture des opérations de vote par le Président du BV (article 149) ;

12-   Vérification publique des urnes par le Président du BV (article 151).

II-   LE VOTE PROPREMENT DIT DES ÉLECTEURS

Les articles 153 à 161-1 du décret électoral du 2 mars 2015 traitent de la tenue du scrutin qui se déroule sans interruption de 6 :00 A.M à 4 :00 P.M à l'exception de deux cas prévus aux articles 161 et 161-1. Le choix du lieu des BV étant fait au préalable par le CEP.

Les partis et les candidats peuvent placer des mandataires dans les BV pour s'assurer de la régularité des opérations de vote. Les organisations internationales et celles de la société civile peuvent aussi envoyer des observateurs nationaux et internationaux à condition que tous les mandataires et observateurs soient accrédités par le CEP. Une fois fait, ils ont accès aux BV pendant le scrutin et le dépouillement. Les articles 220 à 227 traitent de l'observation des élections.

Une considération spéciale est faite aux traitements accordés à l'intention des sourds-muets, des non-voyants et des mères nourricières accompagnées de leurs nourrissons.

Les étapes pour voter sont les suivantes :

1- Inscription du numéro de la carte d'électeur (CIN) sur la liste d'émargement par le secrétaire du BV ;

2- Apposition de la signature ou des empreintes digitales de l'électeur sur la liste d'émargement ;

3- Remise de la CIN par l'électeur au Président du BV ;

4- Réception des bulletins de vote du Président du BV ;

5- Vote de l'électeur dans l'isoloir ;

6- Tremper le pouce de la main droite de l'électeur dans l'encre indélébile par le secrétaire du BV ;

7- Remise de la CIN par le secrétaire du BV à l'électeur.

En termes d'histoire, le déroulement du scrutin durait douze heures à savoir de 6 :00 A.M à 6 :00 P.M en 1987 jusqu'en 1999. L'article 141 de la loi électorale du 19 juillet 1999, a réduit l'opération de vote d'une heure, allant de 6 :00 A.M à 5 :00 P.M. Et le décret du 3 février 2005 a fait pareil en son article 173 passant depuis lors, le déroulement du scrutin de 6 :00 A.M à 4 :00 P.M

Les règlements du 14 juillet 2016 définissent les conditions d'accréditation des mandataires, leurs droits et obligations et l'organisation de leur présence dans les bureaux de vote pendant les élections.

CHAPITRE IV : LES OPÉRATIONS FINALES, POSTÉRIEURES AU VOTE.

On verra à travers ce chapitre que le dépouillement du scrutin (I) nécessite l'appréciation de la validité du scrutin et permet d'attribuer les suffrages aux candidats (II). Cette opération, susceptible de soulever des problèmes de contrôle juridictionnel épineux, aboutit à la rédaction du procès verbal (III) qui sera saisi et traité (IV) avant la proclamation des élus (V).

I- LE DÉPOUILLEMENT DU SCRUTIN

Référence articles 162, 162-1, 164 à 166 du décret électoral du 2 mars 2015

II- LA VALIDITÉ DU SCRUTIN

Référence article 163 du décret électoral du 2 mars 2015

III-   LA RÉDACTION DU PROCÈS VERBAL

Référence articles 167 à 170-6 du décret électoral du 2 mars 2015

IV-   LA SAISIE ET LE TRAITEMENT DES PROCES VERBAUX

Référence article 171 du décret électoral du 2 mars 2015

V-   LA PROCLAMATION DES ÉLUS

Référence articles 171-1 à 174 du décret électoral du 2 mars 2015

VI-   REMARQUES HISTORIQUES

Le décret du 2 mars 2015 a permis l'usage de la technologie d'information pour transférer électroniquement les informations des procès-verbaux de dépouillement au CEP. Est-ce une avancée dans l'aboutissement de système de vote et de comptage électronique automatique ?

Ce décret a repris l'usage de la direction dénommée : Centre de Tabulation instaurée dans l'histoire des élections en Haïti par la loi du 27 novembre 2013. Les haïtiens ont de mauvais souvenirs de la pratique de cette direction au point de la surnommer *centre de tribulation* des candidats où la fraude électorale est techniquement probable via son pouvoir de déclarer irrecevable les procès-verbaux exprimant le vote des électeurs.

Il a fallu attendre les règlements du 28 septembre 2016 pour statuer sur le fonctionnement du Centre de Tabulation des Votes (CTV). Il est passé d'une unité à une direction technique. Ces règlements sont aussi portés sur la méthode de calcul des votes et le traitement des procès-verbaux.

Au début de l'histoire des élections en Haïti après l'ère des Duvalier, chaque BI fait le dépouillement et dresse un procès-verbal qui est acheminé au BEC. Le BEC fait parvenir à son tour au BED les procès-verbaux. Le BED procède au recensement départemental et le résultat définitif des scrutins est publié par le CEP après le recensement général départemental. Cette pratique, avec de légères modifications, a perduré depuis 1987 jusqu'en 2013, date de création du Centre de Tabulation.

TITRE III- LA PORTÉE FINANCIÈRE DES ÉLECTIONS

L'arrêté du 12 octobre 2005 a créé au Ministère de l'Économie et des Finances (MEF), un Bureau de Gestion des Subventions Publiques aux Partis Politiques (BGSP). L'État consacre à cette subvention une enveloppe de cinquante cinq million de gourdes (55,000, 000.00 Gdes) qui peut être complétée par des crédits provenant de la coopération internationale. Chaque parti qui remplit les conditions prévues par le décret électoral reçoit un montant forfaitaire d'un million cinq cent mille gourdes (1, 500,000.00 Gdes). Par ailleurs, chaque parti éligible recevra une seconde enveloppe additionnelle proportionnelle au nombre de candidats présentés à tous les niveaux en fonction du barème suivant :

- 10%   de la balance des fonds disponibles pour les partis présentant un candidat dans 100% de chacune des catégories des circonscriptions électorales.
- 5%   de la balance des fonds disponibles pour les partis présentant un candidat dans au moins 50% de chacune des catégories des circonscriptions électorales.
- 2,5%   de la balance des fonds disponibles pour les partis présentant un candidat dans au moins 25% de chacune des catégories des circonscriptions électorales.

CHAPITRE UNIQUE : LES FINANCES ÉLECTORALES

Les lois électorales sont tenues de prendre en compte et d'élaborer sur les finances électorales. Les articles 125 à 135-2 du décret électoral de 2 mars 2015 traitent du financement public de la campagne électorale (I) et du financement privé de la campagne électorale (II)

I- FINANCEMENT PUBLIC DE LA CAMPAGNE ÉLECTORALE

Référence articles 125 à 129 du décret électoral du 2 mars 2015

II- FINANCEMENT PRIVÉ DE LA CAMPAGNE ÉLECTORALE (II)

Référence articles 130 à 135 du décret électoral du 2 mars 2015

## III-	REMARQUES HISTORIQUES

Pour assurer un juste équilibre entre les compétiteurs, un plafond des dépenses est établi pour chaque niveau d'assemblée électorale et fixé à l'article 135-1 du décret. Aucun candidat ne peut effectuer des dépenses allant au-delà de ce plafond sous peine de graves sanctions allant de la déchéance du droit de vote jusqu'au dépouillement de son poste, s'il est élu (article 135-2).

À préciser que les textes électoraux antérieurs au décret du 2 mars 2015 ont eu aussi l'habitude de prévoir des subventions de l'État aux candidats pour les aider dans les dépenses de campagne. La subvention aux partis pour les aider à renforcer leurs structures et réaliser leur campagne électorale a vu le jour dans le décret du 3 février 2005 (réf, articles 148 à 155 dudit décret). L'arrêté du 12 octobre 2005 relatif au financement des partis politiques a établi un système de reddition de compte à cette subvention dans ses articles 13 à 15.

En 1995, aucun don octroyé à un parti par un individu ne devait dépasser cent mille gourdes pendant un exercice fiscal. Dans ce cas, il suffisait de morceler la contribution et de la donner sous des noms différents vu que le parti n'avait pas lui-même un plafond pour recevoir de don (réf. article 135-1 de la loi électorale du 14 février 1995).

PARTIE II: LE DROIT ÉLECTORAL PROCESSUEL

Par droit électoral processuel, il faut entendre l'ensemble des règles de droit externe et, surtout, de droit interne, normes constitutionnelles, législatives, réglementaires et jurisprudentielles applicables en matière de contentieux électoral, à l'occasion d'une élection. Le litige électoral porté devant une juridiction est différencié selon que le contentieux se rapporte à l'électorat ou à la liste électorale (I), à l'élection (II) ou aux finances électorales (III).

TITRE PREMIER : LE CONTENTIEUX DE LA LISTE ÉLECTORALE

Le contrôle juridictionnel des actes préélectoraux s'explique par le fait qu'émanant dans la plupart des cas d'autorités administratives liées au pouvoir, ces actes, selon CHEVONTIAN R[16], peuvent céder à la tentation de subjectivisme politiques. Le contrôle des listes électorales (chapitre I) et des candidatures (chapitre II) est donc indispensable.

CHAPITRE 1: LE CONTRÔLE DE L'ÉTABLISSEMENT DES LISTES ÉLECTORALES

La liste électorale est un document administratif sur lequel sont inscrits l'ensemble des électeurs. Elle est permanente et publique. Le contrôle de l'établissement de celle-ci passe par la reconnaissance du droit de réclamation aux citoyens (1) et par la désignation par les autorités des organes compétents (2).

SECTION 1: LA RECONNAISSANCE DU DROIT DE RÉCLAMATION AUX CITOYENS

Selon les dispositions des articles 28 et 34 du décret électoral du 2 mars 2015, *"Le registre électoral est mis à jour de manière permanente"* pour tenir compte des mutations intervenues dans le corps électoral. Ainsi, *la liste électorale est actualisée tous les six (6) mois et dans un délai de quatre vingt-dix (90) jours avant la tenue de toute assemblée électorale par la Direction du Registre Electoral.*

---

[16] CHEVONTIAN, R.- *Un labyrinthe juridique, le contentieux des actes préparatoires en matière d'élections politiques*, RFDA, 1994, n° 10 pp. 793

En application de cette disposition, la loi, non seulement fait aux citoyens le devoir de se faire inscrire (art. 27 dudit décret) ; mais aussi de demander, le cas échéant, la radiation des individus inscrits à tort sur la liste de la circonscription électorale.

SECTION 2: LES DIFFÉRENTS ORGANES COMPÉTENTS

En Côte d'Ivoire, selon les dispositions de l'article 12 du nouveau code électoral, les décisions de la Commission Électorale Indépendante portant sur le contentieux de la liste électorale peuvent faire l'objet d'un recours devant le tribunal territorialement compétent sans frais, par simple déclaration au greffe dudit tribunal. Le recours n'est pas suspensif. Les juridictions saisies doivent statuer dans les huit (08) jours à compter de leur saisine.

Tel n'est pas le cas au Bénin. Dans ce pays, la compétence en la matière est reconnue à la Cour constitutionnelle qui est également le juge du contentieux des résultats. Cette conception des choses selon Simon DAKO[17], comporte l'inconvénient de surcharger la haute juridiction. Cependant, il a l'immense avantage d'assurer l'unicité de la jurisprudence en matière d'élections nationales.

---

[17] DAKO S.- *Processus électoraux et transitions démocratiques en Afrique noire francophone : Etudes des cas du Bénin, Cameroun, Gabon, Sénégal et Togo.*, Thèse unique, Université d'Abomey-Calavi, p. 238

Les décisions rendues par ces juridictions ne sont susceptibles d'aucun recours.

En Haïti, de 1987 à 2008, *tout électeur inscrit sur une liste électorale d'une circonscription peut demander la radiation de tout individu qui y figure, s'il le prétend illégalement inscrit* (art. 25 du décret du 10 août 1987). En 1990, *toute contestation rejetée des électeurs inscrits sur une liste électorale, par le service du contentieux, le demandeur est passible d'une amende de cinquante (50) à cent (100) gourdes à prononcer par la Justice de Paix sur procès-verbal du bureau électoral concerné* (article 25 du décret du 6 février 1990).

CHAPITRE 2: LE CONTRÔLE DES CANDIDATURES

La liste des candidats est établie, soit par l'autorité administrative, soit par le juge constitutionnel, soit par le Conseil d'État ou par le Conseil Électoral. Dans tous les cas, les litiges afférents à cette opération relèvent de la compétence du juge constitutionnel, du juge administratif ou du juge électoral.

SECTION 1. LA COMPÉTENCE DU JUGE CONSTITUTIONNEL

L'élection du président de la République: Art 56. - Dès réception des candidatures, celles-ci sont publiées par le Conseil constitutionnel. Les candidats ou les partis politiques les parrainant éventuellement, adressent au Conseil constitutionnel leurs réclamations ou observations dans les soixante douze heures suivant la publication des candidatures. Le Conseil constitutionnel établit la liste des candidats après vérification de leur éligibilité. Il arrête et publie la liste définitive des candidats, quinze jours avant le premier tour du scrutin.

Les quatre arrêts de la Cour suprême Chambre constitutionnelle, portant sur le contentieux de l'éligibilité (arrêt n°1 du 12 octobre 1990 portant candidature Achi Koman à la Présidence de la République; arrêt n° 2 du 12 octobre 1990 portant candidature GBAGBO Laurent à la Présidence de la République; arrêt n° 3 du 12 octobre 1990 portant candidature de Kouakou Mandjouadja à la Présidence de la République; arrêt n° 4 du 12 octobre 1990 portant candidature de Félix Houphouët Boigny à la Présidence de la République), sont évidemment les premiers actes juridictionnels rendus dans le cadre du contentieux de l'élection présidentielle en Côte d'Ivoire.

Les faits des espèces sont les suivants:

- **Du rejet de la dérogation sollicitée par la candidature de Kouakou Mandjouadja**

Le candidat, ayant moins de 40 ans avait exercé un recours gracieux auprès du Président FHB, lui-même candidat afin d'obtenir de celui-ci une dérogation. FHB avait à son tour déféré sa requête auprès de la chambre constitutionnelle.

A l'analyse, l'article 4 de la loi n° 85-1073 du 12 octobre 1985 relative à l'élection du Président de la République prévoit que "nul ne peut être Président de la république s'il n'est âgé de quarante ans révolus. Or, au vu du dossier de candidature qu'il a fourni, M. KOUAKOU Mandjiuadja est né vers 1951; il n'a donc pas l'âge requis pour présenter sa candidature à cette élection.

- **M. ACHI Koman**

Ces décisions apparemment anodines pour certains, non seulement dévoilent l'impuissance du juge électoral à s'opposer à l'arbitraire électoral (cas de M. ACHI Koman: la campagne électorale était déjà ouverte lorsque l'assemblée nationale se réunit en AG extraordinaire pour modifier la loi électorale afin d'augmenter le cautionnement à 20 millions), mais montrent les reflexes du parti unique (cas de Kouakou Mandjouadja qui sollicite une dérogation).

L'élection des députés: Art. 75. S'il apparaît qu'une candidature a été déposée par une personne inéligible, la

Commission sursoit à l'enregistrement de la candidature avec notification dans les quarante huit heures de la décision à l'intéressé.

Celui-ci dispose d'un délai de trois jours pour saisir le Conseil constitutionnel qui statue dans les trois jours de sa saisine. Si le délai de notification n'est pas respecté, la candidature doit être enregistrée.

SECTION 2 LA COMPÉTENCE DU JUGE ADMINISTRATIF

La Cour de justice de la CEDEAO a rendu son arrêt sur la plainte formulée par les partis de l'ex-majorité contre l'État burkinabè à l'effet de statuer sur précisément l'article 135 du nouveau Code électoral, qui rend inéligibles aux prochaines élections, les personnes ayant soutenu la modification de l'article 37 de la Constitution. La Cour a dit que " *le Code électoral du Burkina Faso, tel que modifié par la loi n°005-2015/CNT du 07 avril 2015, est une violation du droit de libre participation aux élections*" et " *ordonne en conséquence à l'État du Burkina de lever tous les obstacles à une participation aux élections consécutifs à cette modification*".

SECTION 3: LA COMPÉTENCE DU CONSEIL D'ÉTAT

Art 121, le Conseil d'État peut être saisi par le candidat, le parti ou groupement politique ayant parrainé la liste dans un délai de trois jours à compter de la date de notification de la décision de rejet du dossier.

Le Conseil d'État statue dans un délai de trois jours à compter de sa saisine. Si le Conseil d'État ne s'est pas prononcé dans le délai susmentionné, la candidature doit être enregistrée.

Art. 127. - Le contentieux des élections aux Conseils régionaux relève de la compétence du Conseil d'État.

Art. 128. - Tout électeur ou candidat de la circonscription électorale concernée peut contester une inscription sur les listes de candidatures au plus tard quinze jours avant le jour du scrutin.

Les réclamations sont adressées par écrit à la Commission chargée des élections qui les transmet sans délai au Conseil d'Etat. Lorsque la Commission chargée des élections constate un cas d'inéligibilité, elle procède conformément aux dispositions des articles 119, 120 et 121 de la présente loi.

SECTION 4 : LA COMPÉTENCE DU CEP EN HAÏTI

Le Conseil Électoral est le contentieux de toutes les contestations soulevées à l'occasion, soit des élections, soit de l'application ou de la violation de la loi électorale, sous réserve de toute poursuite légale à entreprendre contre le ou les coupables par devant les tribunaux compétents (art. 1-1 du décret du 2 mars 2015)

Au départ, les décisions du CEP étaient susceptibles de recours par devant la Cour de Cassation qui juge toutes affaires cessantes (art. 23 de la loi du 17 décembre 1987). En 2005, les organes de contentieux électoral étaient le Bureau Électoral Communal (BEC), le Bureau Électoral Départemental (BED), le Bureau du Contentieux Electoral Central (BCEC) et le recours des décisions du BCEC est porté par-devant la Cour de Cassation qui juge au fond et sans renvoi (art. 14 à 16 du décret électoral du 3 février 2005). L'incident de Siméus va modifier cette disposition et exclure tout recours à la Cour de Cassation.

De nos jours, les organes appelés à connaître des contestations électorales sont le Bureau du Contentieux Électoral Communal (BCEC), le Bureau du Contentieux Électoral Départemental (BCED) et le Bureau du Contentieux Électoral National (BCEN) (réf. article 14 du décret du 2 mars 2015). Les décisions du BCEN sont rendues en dernier ressort, à la majorité de ses membres (art. 18-1 dudit décret) et ses arrêts ne sont susceptibles d'aucun recours (art. 187-1).

Historiquement, les articles 60 du décret du 2 août 1987, 28 de la loi du 17 décembrc 1987, 73 du décret du 6 février 1990, 80 de la loi du 9 juillet 1990, 77 de la loi du 14 février 1995, 104 de la loi du 19 juillet 1999, 131 du décret du 3 février 2005, 108 de la loi du 9 juillet 2008, 105 de la loi du 27 novembre 2013 et 105 du décret du 2 mars 2015 permettent aux électeurs de contester une déclaration de candidature à une fonction élective.

 Selon le dernier texte électoral en vigueur, *trois (3) jours après le dépôt des candidatures, le CEP, le BED ou le BEC publie la liste des candidats dont le dossier est conforme aux exigences prévues à la section A du présent chapitre.*

Après l'analyse des dossiers et le traitement des contestations éventuelles, le Conseil Electoral provisoire, sur décision prise à la majorité absolue de ses membres, publie dans les médias la liste définitive des candidats admis à se présenter aux élections pour la Présidence, pour le Sénat, pour la Chambre des députés ainsi que pour les Collectivités territoriales. Il fait afficher les listes aux portes du CEP pour les candidats à la Présidence, des BED pour les candidats au Sénat, des BEC pour les candidats à la députation et aux collectivités territoriales. (réf. articles 97 et 98 du décret du 2 mars 2015).

La procédure actuelle de la contestation d'une candidature est tracée aux articles 105 à 113 du décret électoral du 2 mars 2015 et les modalités du contentieux électoral sont édictées dans les règlements du 29 avril 2016 amendés le 22 novembre 2016.

TITRE DEUXIÈME: LE CONTENTIEUX DE L'ÉLECTION.

Compris comme le corpus des normes législatives, réglementaires et jurisprudentielles relatives à l'introduction et à la recevabilité des recours, au déroulement de l'instance et au jugement des contestations portées devant un juge, dit de l'élection, le droit applicable au contentieux de l'élection- en bref, le droit du contentieux électoral – n'est pas uniforme. En effet, le droit du contentieux est constitué de règles différentes selon que l'élection est un suffrage direct (chapitre I) ou un suffrage indirect (chapitre II).

CHAPITRE I: LE DROIT DU CONTENTIEUX AU SUFFRAGE DIRECT

Il s'agit de déterminer les règles applicables au contentieux des élections politiques stricto sensu, c'est-à-dire des élections nationales que sont l'élection présidentielle, des élections parlementaires et municipales. Trois phases des contestations seront analysées à savoir avant (I), pendant (II) et après (III) le scrutin.

SECTION 1.- AVANT LE SCRUTIN

C'est en principe, soit les voies de contestations des candidatures qui sont prévues aux articles 105 à 133 du décret du 2 mars 2015 et que nous avons traitées au titre précédent ; soit le contentieux de la radiation d'une personne indûment inscrite sur la liste électorale ou la réinscription d'une personne omise ou radiée (article 182 dudit décret). À voir Partie II Titre I Chapitre I.

La procédure de ce dernier cas est la suivante :

- La plainte du citoyen inscrit lui-même sur la liste électorale (art. 182) au BCEC ;
- Le BCEC informe sans frais l'électeur dont l'inscription est contestée par le soin du directeur du Registre électoral (art. 182-2) ;
- La présentation des observations de l'électeur contesté par devant le BCEC (art. 182-2)
- L'audition de l'affaire par le BCEC ;
- La décision motivée du BCEC dans les vingt-quatre (24) heures de l'audition de l'affaire (art. 182-1)

SECTION 2.- PENDANT LE SCRUTIN

C'est la loi électorale pénale qu'il convient de requérir ou d'appliquer en cas d'implication d'un candidat ou de tout autre personne à la commission des infractions ou de fraudes électorales. À voir Partie I Titre I Chapitre IV

SECTION 3.- APRÈS LE SCRUTIN

I-   DES CAUSES DU CONTENTIEUX

- Contestation de résultats en cas, soit d'irrégularité de vote, du dépouillement ou de la rédaction des procès-verbaux, soit de fraudes électorales (art. 175) ;
- Rencontre d'obstacles relatifs à une rencontre électorale (art. 182-3) ;

- Demande de vérification de données qui est de la compétence exclusive du BCEN à prononcer par avant dire droit (art. 187) ;

N.B : Au cas où il s'agirait de vérification au Centre de Tabulation lors d'une contestation de résultats, seuls les partis politiques et les candidats indépendants ayant participé aux élections ont cet accès ou peuvent produire valablement cette demande (art. 176-1).

II-   DE LA COMPÉTENCE DES ORGANES CONTENTIEUX

Le CEP tranche les différends à travers ses organes contentieux (art. 172-1) chacun avec leur propre compétence d'attribution :

- Les contestations aux opérations municipales et locales, de même que celles relatives aux inscriptions sur la liste électorale sont de la compétence du BCEC dont ses décisions sont susceptibles de recours par-devant le BCEN (art. 179) ;
- Les contestations aux opérations législatives sont de la compétence du BCED dont ses décisions sont susceptibles de recours par-devant le BCEN (art. 180) ;
- Les contestations aux élections présidentielles sont de la compétence du BCED de l'Ouest, ayant la commune de Port-au-Prince sous sa juridiction dont ses décisions sont susceptibles de recours par devant le BCEN qui décide en dernier ressort (art. 181).

III-   DE LA PROCÉDURE DE CONTENTIEUX

1- Contestation faite au greffe du bureau du contentieux signée par le candidat ou son mandataire dans les soixante douze (72) heures qui suivent l'affichage des résultats (articles 175, 176 et 183) ;
2- Récépissé attestant le paiement d'une caution à la Direction Générale des Impôts équivalent à :

   - Gdes 50,000 pour le candidat à la Présidence ;
   - Gdes 25,000 pour le candidat au Sénat ;
   - Gdes 15,000 pour le candidat à la Députation ;
   - Gdes 5,000 pour le Cartel à la Municipalité
   - Gdes 500 pour le candidat aux collectivités territoriales (art. 183);

3- Affichage de la requête de contestation aux locaux de l'organe contentieux par le greffe ;
4- Distribution de l'affaire et fixation de la date de l'audition de l'affaire par le Président ;
5- Avis aux parties concernées par le greffe de l'organe contentieux au moins quarante huit (48) heures avant l'audition de la cause ;
6- Notification par le greffe des copies certifiées conformes par le Président dudit organe des pièces suivantes :

   - La requête de la partie demanderesse ;
   - La copie de la décision attaquée ;
   - Le numéro de la CIN du candidat et de son mandataire ;
   - Le récépissé attestant le paiement de la caution prévue à l'article 183 du présent décret (art. 186)

IV- DE L'AUDIENCE PAR-DEVANT LE BCEC ET LE BCED

1- Demande d'acte de constitution du demandeur et lecture de la requête d'introductive d'instance pour lier les organes contentieux (articles 184, 185-2) ;
2- Demande d'acte de constitution du défendeur et de communication de pièces, laquelle, si elle est sollicitée, est de droit et doit être donnée et reçue séance tenante (art. 185-1) ;
3- Accordée la parole au demandeur pour développer ses moyens (art. 185) ;
4- Accordée la parole au défendeur pour présenter sa défense ;
5- Accordée la parole une dernière fois au demandeur pour répliquer en cas de plaidoirie contradictoire (art. 185) ;
6- Accordée la parole une dernière fois au défendeur pour répondre des répliques.

Cependant, la parole peut être accordée au requérant ou à son mandataire pour apporter des précisions ou des éclaircissements sur interrogatoire du tribunal électoral (art. 185).

7- Fermeture de la plaidoirie des parties et dépôt de pièces pour rendre la décision séance tenante (art. 185-4)

V- DE L'AUDIENCE PAR DEVANT LE BCEN

Devant le BCEN, chaque partie a droit à la parole une seule fois pour développer ses moyens. Toutefois, le BCEN peut solliciter des parties, à tout moment de l'instance, tout renseignement que requiert l'instruction de l'affaire. (art. 185-5)

I- DES SANCTIONS PROBABLES DES ORGANES DE CONTENTIEUX ÉLECTORAUX

- Radiation de la liste électorale d'un électeur (art. 182) ;
- Rejet de la déclaration de candidature (art. 98) ;
- Prononcer de façon célère sur tous les cas de violence constatés (art. 119);
- Radier de la liste des candidats agréés tous ceux reconnus coupables, sous réserve de toute action judiciaire à intenter par la partie lésée (art. 119);
- Suspendre de toutes compétitions électorales, pour une période allant jusqu'à cinq (5) ans, les partis ou groupements politiques reconnus coupables (art. 119);
- Annulation de l'élection du candidat pour fausse déclaration de candidature (art. 95).

CHAPITRE II: LE DROIT DU CONTENTIEUX AU SUFFRAGE DIRECT

Au regard de l'article 21, le suffrage indirect concerne :

    a) Les Assemblées municipales (AM)

    b) Les Assemblées départementales (AD)

    c) Les Conseils départementaux (CD)

    d) Le Conseil interdépartemental (CID)

L'article 81 du décret électoral en vigueur dispose qu' *à l'occasion de la constitution des assemblées, s'il s'élève une contestation sur le choix des membres, les intéressés, parties prenantes au processus de désignation, s'adressent, en fonction de la nature de l'assemblée, au BCEC ou au BCED compétent en suivant la procédure établie dans le chapitre traitant des contestations* soit les articles 175 à 178 du dit décret.

TITRE III : LE CONTENTIEUX DES FINANCES ÉLECTORALES

CHAPITRE UNIQUE : LE CONTENTIEUX DES FINANCES ÉLECTORALES

Nous avons abordé dans un chapitre unique du Titre III de la première partie de cet ouvrage, la portée financière des élections en Haïti. Il nous reste à présent, à voir le contentieux en matière de finances électorales. Les causes du contentieux (I), la compétence des organes contentieux (II), la procédure et l'audience (III) et les sanctions prévisibles en cette matière (IV) seront tour à tour, en vertu du décret électoral du 2 mars 2015 en vigueur, étudiées à travers ce dernier chapitre de ce document.

SECTION 1: DES CAUSES DU CONTENTIEUX

- Reddition de compte sur les subventions de l'Etat à l'occasion des compétitions électorales (art. 128) ;
- Non soumission au CEP par les acteurs de la liste détaillée et complète de tous les dons et donateurs (art. 132) ;
- Non inscription de dépenses dans le rapport financier de la campagne du temps d'antenne alloué au parti (art. 132-1) ;
- Réception de dons en espèce supérieurs à cinquante mille (Gdes 50,000) gourdes (art. 133) ;
- Effectuer des dépenses allant au-delà du plafond prévu à l'article 135-1 (art. 135-2) ;
- Irrégularité dans le rapport financier des partis (art. 14 de l'arrêté du 12 octobre 2005) ;

SECTION 2: DE LA COMPÉTENCE DES ORGANES CONTENTIEUX

C'est la même compétence que le contentieux des élections développé au chapitre II du Titre II de la partie II. Les textes de base, à savoir les articles 179 à 181 désignant les organes de contentieux compétents sont généraux. En effet, le thème : " *les contestations relatives aux élections… sont vastes, étendues, englobant toutes sortes de litiges, même ceux financiers.* À l'exception de quelques infractions spécifiques telles que le marchandage de vote prévue à l'article 202-2 qui est de la compétence du tribunal correctionnel et en cas de reddition de compte sur les subventions de l'État à l'occasion des compétitions électorales qui est de la compétence directe du BCEN (art. 128).

SECTION 3 : DE LA PROCÉDURE ET DE L'AUDIENCE DE CONTENTIEUX

Les règles sont les mêmes que celles prévues aux articles 183 et suivants du décret électoral du 2 mars 2015 déjà retracées au chapitre II du titre II de la partie II. D'ailleurs, l'article 186 a commencé en ces termes : " *Dans tous les cas…*"

Toutefois, en matière de reddition de compte sur les subventions de l'État à l'occasion des compétitions électorales, au préalable, le Président du CEP doit convoquer au BCEN, le parti après les trente (30) jours de la publication des résultats officiels au cas où il n'aurait pas, dans le délai imparti, fait parvenir au CEP et au Ministère de l'Économie et des Finances, le bilan financier détaillé des dépenses se rapportant à la subvention de l'État dans le cadre des joutes électorales.

SECTION 4 : DES SANCTIONS SUITE AU CONTENTIEUX

- Interdiction de toute activité politique pendant cinq (5) ans au moins et dix (10) ans au plus (art. 128) pour la cause # 1 ;
- Pour les causes 2 à 4, le texte a prévu des sanctions pénales sans les préciser ;
- Déchéance de droit de vote allant de deux (2) à cinq (5) ans,
- Interdiction de se porter candidat à une fonction élective ;
- Dépouillement de son poste si le candidat est élu ;
- Interdiction au parti de présenter des candidats à une fonction élective pour une période allant de deux (2) à cinq (5) ans (art. 135-2) ;
- Remboursement des sommes improprement utilisées en cas d'existence d'irrégularité dans le rapport financier des partis quant à la subvention publique (art. 14 de l'arrêté du 12 octobre 2005), sous réserve d'action pénale en détournement de biens publics (art. 15 de l'arrêté du 12 octobre 2005) à instancier à la juridiction de droit commun compétente.

REMARQUES

Devant les organes de contentieux électoraux, une partie peut requérir d'écarter tout membre d'une instance se trouvant en situation de conflit d'intérêt. Par conséquent, la partie intéressée adresse une requête motivée au conseil du CEP qui la juge en toute célérité. Le conseil du CEP siège avec la majorité de six (6) membres et sa décision est prise avec une majorité de cinq (5) de ses membres (art. 6 des règlements du contentieux électoral amendés du 22 novembre 2016).

De manière spécifique, la compétence, la saisine, l'audience et la décision du BCEC sont fixées aux articles 18 à 40 des règlements du contentieux électoral amendés du 22 novembre 2016.

La compétence, la saisine, l'audience et la décision du BCED sont fixées aux articles 41 à 61 des règlements du contentieux électoral amendés du 22 novembre 2016.

La compétence, la saisine, l'audience et la décision du BCEN sont fixées aux articles 62 à 85 des règlements du contentieux électoral amendés du 22 novembre 2016.

CONCLUSION

En guise de conclusion, nous vous proposons ces deux réflexions. D'une part, à travers l'ensemble des connaissances déjà apprises de ce cours de droit électoral et vous appuyant sur le décret électoral du 2 mars 2015 ; justifiez le tableau dépeint par le Dr. Didier OLINGA dans sa pensée : *"L'élaboration du droit électoral, notamment les modalités qu'elle emprunte, est étroitement dépendante de la perception que l'on a de l'élection en tant que technique de dévolution du pouvoir"*

D'autre part, tenant compte de l'ensemble des textes organisant les élections dans le pays de 1987 à date, particulièrement ceux établissant ou révisant les règlements généraux du CEP ; présentez historiquement et structurellement cette institution dénommée Conseil Electoral Provisoire/Permanent créée par la constitution de 1987 en ses articles 191 à 199 et ses dispositions transitoires articles 289 à 289-3.

BIBLIOGRAPHIE

OUVRAGES

1. MALIGNER, B.- *Droit électoral*
Paris, ellipses, 2007

2. MELEJE DJEDJRO, F.- *Droit constitutionnel*
Abidjan, ABC, 2014

3. MELEJE DJEDJRO, F.- *Les grands arrêts de la jurisprudence constitutionnelle Ivoirienne*
CNDJ, 2012

4. SALAMI, I.D.- *Droit constitutionnel et institutions politiques du Bénin*
2d., CeDAT, 2014

5. OLINGA, A. D.- *Politique et droit électoral au Cameroun : analyse juridique de la politique électorale*
Polis / R.C.S.P. / C.P.S.R. Vol. 6, N° 2, 1998

6. HERMET. G.- *Le passage à la démocratie*
Paris, Presse de Science po, 1996.

7. HAURIOU, M.- *Précis de droit constitutionnel*
Paris, PUF, 1992.

8. LEHINGUE, P.- *Le vote, Approches sociologiques de l'institution et des comportements électoraux*
La Découverte, Paris, 2011.

9. BAUDOUIN,   *Introduction à la sociologie politique* Paris, Points Essais, 1998

10. VINCENT, J.Y & VILLIERS, M.D.- *Code électoral commenté,* LexisNexisLitec, 8ème éd. 2007

11. BASTION, J.C &t CHABANIER.-   *Le droit des élections locales* LGDJ 2004, coll. Systèmes

12. THERON, S.-   *La notion de condition : Contribution à l'étude de l'acte Administratif* Editions l'Harmattan Logiques juridiques, 2002

13. BRAUD, P.-   *Le comportement électoral en France* Paris, PUF, 1973

14. GUILLIEN, R. & VINCENT, J.-   *Lexique des termes juridiques* Paris, DALLOZ, 2010

15. ARDENT, P.-   *Institutions politiques et droit constitutionnel,* LGDJ, 13 éd., 2001

16. MASCLET, J.C.-   *Droit électoral,* Paris, PUF, Collection Droit fondamental, 1989.

17. CHEVONTIAN, R.-   *Un labyrinthe juridique, le contentieux des actes préparatoires en matière d'élections politiques,*
                             RFDA, 1994, n° 10

MEMOIRE
DAKO S.-   *Processus électoraux et transitions démocratiques en Afrique noire francophone : Etudes des cas du Bénin, Cameroun, Gabon, Sénégal et Togo.,*
                             Thèse unique, Université d'Abomey-Calavi

TEXTES LEGAUX

1- Moniteur # 65 année 1987, Décret électoral du 10 août 1987

2- Moniteur # 104 année 1987, Loi électorale du 17 décembre 1987

3- Moniteur # 12 année 1990, Décret électoral du 6 février 1990

4- Moniteur # 59 année 1990, Loi électorale du 9 juillet 1990

5- Moniteur # 92 année 1990, amendements à la loi électorale du 9 juillet 1990

6- Moniteur # 13 année 1995, Loi électorale du 14 février 1995

7- Moniteur # 57 année 1999, Loi électorale du 19 juillet 1999

8- Moniteur # 65 année 2000, amendements a la loi électorale du 19 juillet 1999

9- Moniteur spécial # 1 année 2005, Décret électoral du 3 février 2005

10- Moniteur # 68 année 2005, amendements au décret électoral du 3 février 2005

11- Moniteur # 86 année 2005,
- Arrêté établissant les règlements généraux du Conseil Electoral Provisoire du 12 octobre 2005
- Arrêté relatif au financement des partis politiques du 12 octobre 2005

12- Moniteur # 8 année 2008, arrêté révisant les règlements généraux du Conseil Electoral Provisoire du 18 janvier 2008

13- Moniteur # 6 année 2008, Loi électorale du 9 juillet 2008

14- Moniteur # 52 année 2009, Loi portant amendement de l'article 232 de la loi électorale du 9 juillet 2008 en date du 11 mai 2009

15- Moniteur # 36 année 2010, Loi portant amendement de l'article 232 de la loi électorale du 9 juillet 2008 en date du 10 mai 2010

16- Moniteur # 229 année 2013, Loi électorale du 27 novembre 2013

17- Moniteur spécial # 1 année 2015, Décret électoral du 2 mars 2015

18- Moniteur # 82 année 2016,
- Code de déontologie électoral du 21 avril 2016
- Les règlements du contentieux électoral du 29 avril 2016

19- Moniteur # 134 année 2016, règlements définissant les conditions d'accréditation des mandataires, leurs droits et obligations et l'organisation de leur présence dans les bureaux de vote pendant les élections du 14 juillet 2016

20- Moniteur spécial # 17 année 2016,
- Décret portant amendement du décret du 1e juin 2005 relatif à la Carte d'Identification Nationale du 2 mars 2015

- Règlements du CEP sur le traitement des procès-verbaux du 20 septembre 2016
- Règles régissant le fonctionnement des centres de réception du matériel électoral du 27 septembre 2016
- Règlements du Conseil Electoral Provisoire sur la méthode de calcul des votes du 22 octobre 2016
- Règlements du CEP sur le fonctionnement du Centre de Tabulation des Votes (CTV) du 28 septembre 2016

21- Moniteur spécial # 18 année 2016, règlements du contentieux électoral amendés du 22 novembre 2016